JN350437

고봉화상 선요

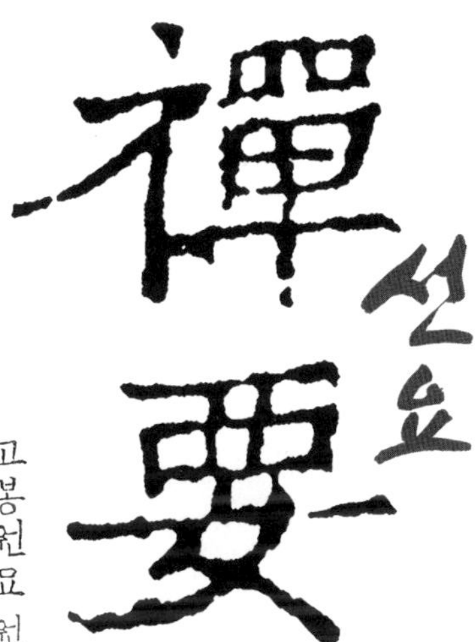

禪要 선요

고봉원묘 원저 — 전재강 역주 — 고우스님 감수

운주사

고우古愚 큰스님 (감수)

문수산 금봉암 주석. 2021년 세수 85세, 법랍 60세로 입적.

전재강 (역주)

경북대학교 국어국문학과를 졸업하고, 동 대학원 국문학과에서 석사 및 박사학위를 취득하였다.

동양대학교 교수를 역임하였으며, 현재 안동대학교 사범대학 국어교육과 교수로 있다.

저서로 『상촌신흠문학연구』, 『한문의 이해』, 『시조문학의 이념과 풍류』, 『선비문학과 소수서원』, 『남명과 한강의 만남』, 『불교가사의 유형적 존재양상』, 『한국시가의 유형적 성격과 작품 전개구도』 등이, 역서로 『금강경삼가해』, 『서장』 등이, 논문으로 「어부가계 시조 연구」, 「신흠 시의 구조와 비평 연구」, 「불교 관련 시조의 사적 전개와 유형적 연구」, 「침굉 가사에 나타난 선의 성격과 진술 방식」 등 다수가 있다.

선요

초판 1쇄 발행 2006년 7월 25일 | **초판 7쇄 발행** 2023년 8월 29일

원저 고봉원묘 | **역주** 전재강 | **감수** 고우 스님 | **펴낸이** 김시열

펴낸곳 도서출판 운주사

(02832) 서울시 성북구 동소문로 67-1 성심빌딩 3층

전화 (02) 926-8361 | **팩스** 0505-115-8361

ISBN 978-89-5746-165-5 03220 값 17,000원

http://cafe.daum.net/unjubooks 〈다음카페: 도서출판 운주사〉

감수監修의 말

우리나라가 현재까지 고스란히 이어 오고 있는 전통 조사선祖師禪은 불교를 가장 깊이 이해하는 세계 유일의 불교유산이며, 그래서 인류의 정신문화유산이 될 만한 것으로 평가받고 있다. 그러나 정작 이러한 주장이 공허하게 들리는 것은 무엇 때문인가? 선의 입장에서 보면 저급하고 일상적이라고 비판받을 법도 하지만 오히려 남방이나 티벳의 불교가 그 사회나 국가에서는 물론 세계적으로 존경받고 있는 것은 왜 그런가? 심오하고 수승한 조사선의 전통을 표방하는 우리 한국불교가 그 깊이에 비하여 그만큼의 인정을 받지 못하고 있는 문제에 대해서 심각하게 우리 자신을 성찰하고 대책을 강구해야 한다.

우선 우리는 정견正見을 갖추고 진실하게 깨닫고 바르게 실천하는 진정한 스승을 두지 못하고 있다는 점을 그 한 이유로 들 수 있다. 그래서 철저한 수행을 통하여 진정한 깨달음을 이루며 교화를 실천하는 조사선의 전통이 우리사회에 제대로 자리 잡지 못하고 있다. 얕은 지견知見은 가졌으되 실천이 따르지 않는 가짜 도인이 스승 노릇을 하는 시대에 우리는 살고 있는 것이다. 사태가 이렇다 보니 귀동냥으로 조금 듣거나 책을 보고 이리저리 따져서 아는 것이 조금

생기기만 하면 스스로 깨달았다고 큰소리를 치며 부처를 꾸짖고 조사를 욕하는 사람이 나오고, 심지어는 부처님께 직접 인가를 받았다고 하여 자기 환상에 빠진 황당무계한 사람까지 나와서 세상을 어지럽히기에 이르렀다. 진정한 수행과 진실한 깨달음에 도달하고 이것이 바로 삶의 현실로 연결되지 않기 때문에 우리는 우수한 조사선의 전통을 이어받았음에도 자타의 인정을 받지 못하는 것이다.

이 때문에 우리 승가 사회에도 전문가는 있으되 인격자가 없는 세상이 되었다. 사회 다른 분야에서와 마찬가지로 불가佛家에서도 전문적인 지식은 갖추었으나 그 전문적 능력을 제대로 부려 쓸 만한 정신적·인격적 역량을 갖춘 사람을 만나기 어려운 시대가 되었다. 사회 각계 지도층의 행태에서도 우리는 이런 현상을 여실히 목격하고 있다. 정치·경제계 지도자들은 물론이고 가장 신망 받는 학계의 학자들까지 세속적 명예와 부를 위하여 부정을 서슴치 않는 일들이 연일 신문과 방송에 넘쳐나고 있다. 이런 행태가 출세간의 승가 사회에서는 달라야 함에도 불구하고 그렇지 못하다는 데 문제의 심각성이 있다. 사회에 인격을 갖춘 어른이 없는 것은 차치하고라도 승가에 인격을 갖추어 남의 귀의를 받을 만한 진정한 어른이 없다는 점이 한국 불교가 존경받지 못하는 또 다른 이유라 하겠다.

사태가 이렇다고 분명히 나아갈 길이 있고 대응책이 있는데도 손을 놓고 세월만 보낼 수는 없다. 가까이에서 우리의 욕망과 기만과 나태를 사정없이 내려치는 변함없는 스승이 있다. 정견을 갖춘 스승이 없는 시대, 진정한 인격자가 없는 승가 사회에 정견과 인격을

길러줄 수 있는 스승과 같은 책이 있으니 『선요禪要』가 바로 이것이다. 우리나라에는 『선요』가 처음 쓰여진 시기와 크게 늦지 않은 시기에 이미 이 책을 입수하여 공부했고, 이 책은 조사선의 전통을 우리나라에 뿌리내리게 하는데 지대한 영향을 끼쳤다. 그렇게 된 이유를 책의 내용에서 찾는다면, 조사선 가운데서도 간화선의 전통을 가장 집약적으로 잘 보여주는 책이 바로 이 책이기 때문이다.

그런데 문제는 근세에 이 책에 대한 이해가 상당히 오랜 기간 동안 왜곡되어 왔다는 것이다. 특히 현재까지 조계종 강원에서 기본 교과서로 사용해 온 안진호安震湖 현토역주 『선요禪要』에서부터 문제가 시작되었다. 안진호 스님도 나름대로 이 책의 중요성을 자각하고 바른 교재를 편찬하겠다는 의도에서 기존의 주석을 정리하고 자신의 의견을 개진하며 책에 사기私記를 붙였지만 그 과정에 많은 오류를 범하였다. 특히 선의 핵심을 드러내는 종지宗旨 부분에서 해석을 그르침으로써 이 책이 나온 이후 수십 년 동안 많은 번역서들은 그 오류를 반복하고 심화하는 폐단을 불러왔다. 더구나 강원 교재로 쓰기 위하여 대한불교조계종 교육원에서 시험판으로 발간한 『선요禪要』(2005)에서조차 선의 핵심 종지 부분에서 그 잘못을 여전히 반복하고 있으니 개탄할 일이 아닐 수 없다. 긴 세월을 그 많은 사람들이 이 책을 읽었고 새로운 번역서가 계속 출간되었음에도 그동안 아무도 그 오류를 과감하게 지적하고 수정하려 하지 않았다.

그런데 마침 전교수의 『선요』 번역본에서 이런 오류들 모두 바로 잡고 정확한 해석을 내리고 있어서 기쁜 마음으로 감수監修의 일을 맡았다. 이미 언급한 것처럼 이 책은 조사선의 핵심을 알기 쉽게 매우 체계적으로 잘 제시하고 있다. 스승이 없는 시대에 이 책을 통하여 하루 빨리 정견을 세우고 바르고 간절하게 수행하여 달과 손가락을 구별하며 살활을 읽어내는 안목을 갖추고 참되게 깨달아서 한없는 자비심을 가지고 교화를 펼쳐 나간다면 우리 한국불교는 그 심오한 깊이 이상으로 우리 사회나 국가, 세계로부터 존경받고 주목받을 수 있을 것으로 확신한다.

여기 한 게송偈頌으로 번거로운 언설을 마무리한다.

본래부터 기특한 일이 없으니, 從本來無奇特事

봄이 옴에 옛과 같이 온갖 꽃이 만발하네. 春來依舊百花發

2006. 7

고우古愚 합장

역주자 서문

『선요禪要』가 우리나라에 도입된 정확한 연대는 알 수 없으나 고려말 정도로 추정된다. 여말선초를 거치면서 승가僧家에서는 반드시 읽어야 할 책으로 확고히 자리잡았고, 이러한 전통은 오늘날까지 불교계에 그대로 이어져오고 있다. 현재 강원에서는 사집四集이라고 하여 『선요』를 필수적인 교과서 중 하나로 활용하고 있다.

선禪은 바로 인간의 대립과 투쟁, 시비가 일어나기 이전 인간과 일체 존재에 대해 근원적 질문을 던진다. 선은 주관과 객관을 포괄하는 일체 존재의 본질에 대한 명쾌한 대답을 제시함으로써 대립과 갈등을 초월하여 인류 공동의 선善인 진정한 행복을 추구하며 너와 내가 어우러져 행복한 공동체를 만들 수 있는 정신과 방안을 제시해 준다. 바로 그런 선의 핵심을 가장 극명하게 보여 주는 책이 『선요』이기 때문에 이 책의 번역을 시작했다.

한편 현재 강원에서 사용되고 있는 기본 교재는 안진호安震湖 스님이 편집編輯한 사기私記를 담고 있는 『선요』인데, 선禪의 핵심 내용인 종지宗旨를 여러 부분에서 그릇 해석하고 있고 이를 근거로 이루어진 모든 『선요』 번역서들이 오류를 답습하고 있어서 누적된 오독誤讀의 시정이 시급한 실정이다. 이러한 오류를 조금도 의심

없이 답습하고 재생산하고 있는 현실을 바로잡으려는 것이 곧 『선요』 번역을 서두른 두 번째 이유다.

여기서 파생된 문제로서 번역의 또 다른 이유는 '선禪'에 대한 오해를 해소해야 한다는 것이다. 한국 전통선傳統禪이라고 일컬어지는 '조사선'의 핵심을 이 책은 정확히 말해 주고 있는데, 이를 보다 쉽고 정확하게 드러내려는 것이 이 책을 번역하게 된 중요한 이유이다. 선이 근본적으로 입각한 입지는 본래부처이다. 일체가 본래 완성되어 있다고 하는 확고한 입장에서 수행의 구체적인 방법 역시 이런 기본 정신에 입각해서 나와야 한다는 것이다. 시간과 차제를 두고 수행하여 깨달음에 도달하는 참구 깨침만이 아니라 순간 깨침의 방법이 있고 수행이나 깨달음 자체도 용납하지 않는 본래성불의 방식이 있음을 분명하게 밝히고 있는데, 이를 사실대로 나타내려는 것이 책 번역의 중요한 이유이다.

그리고 이 책을 번역하면서 그 기본적 입장을 정리할 필요가 있다. 선이란 본래 진실하게 참구參究하고 진실하게 깨닫는 것〔實悟〕이 중요한데도 불구하고, 이 책을 번역한 것은 선을 논리적으로 이해하려는 선학禪學의 입장에 서 있기 때문에 자세하게 풀이하고 설명하기를 주저하지 않았다. 선학은 선을 논리적으로 이해하고 정리함으로써 사람들을 선의 세계로 바르게 안내하고 실제 선수행을 할 수 있게 돕는 구실을 하는 학문이라고 할 수 있다. 서구적인 논리와 생활 습관에 젖어 있는 현대인들은 합리적이고 과학적인 이해가 없으면 어떤 일에도 쉽게 접근하려 하지 않기 때문에 선수행의 경우에도 선학의 안내가 매우 중요하다고 할 수 있다. 여기에 경계해야 할 것은 선禪과 선학禪學을 구분하지 못하고 단순히 선학을 하면서 선을 공부하는 것으로 알고 더 이상 참다운 선수행에 나아가지 않거나, 선학을 하는 과정에서 얻은 조그만 지견知見을 가지고 공부를 마친 것으로 오해하는 일들이다. 그리고 선학이 비록 논리적·학문적 접근의 방법일지라도 일반적인 세속의 여타 학문과 같이 무엇인가 채우고 축적해 가는 공부가 돼서는 안 된다는 것이다. 철저히 '비우고 놓고 쉬는 공부'를 한다는 기본적 태도는 선학을 할 때에도 근본적으로 지켜져야 한다. 선학을 하면서 지식 축적에 몰두한다면 선에 대한 지식은 얻을지언정 공부에는 조금의 도움도 기대할 수 없게 된다.

다음은 문장에서 가능한 한 내용을 충실히 풀이하고 또한 요즈음 한글세대들이 쉽게 이해할 수 있게 현대적인 문장을 사용하고자 노력했다. 출가와 재가를 막론하고 현대인들은 모두 한글세대다. 한자어와 한문 문장이 모두 낯설고 어렵게 느껴지기 때문에 한자어는 한글과 한자를 병용했고 한문 문장은 현대 우리말 문장으로 번역하고자 노력했다. 그러나 원문이 중국 고백화체古白話體로 되어 있어서 풀이 과정을 거치더라도 원문 내용을 완전히 쉬운 순수 한글 표기로만 바꾸기는 어려웠고, 그때에는 각주脚註를 달거나 '요지要旨'를 각 장의 끝에 붙여서 이해를 높이고자 했다. 그러나 각 언어들이 가지는 특성의 근본적 차이 때문에 번역은 언제나 완벽하기가 어렵다고 본다. 앞으로 강호제현江湖諸賢의 단호한 질정을 받아 두고두고 더

좋은 번역이 되도록 고쳐 나가고자 한다.

끝으로 선과 『선요』에 대해 금언金言의 가르침을 내려 주시고, 특히 안진호 스님의 사기에서 발견되는 오류를 낱낱이 지적하시며 명쾌한 해석과 정의를 내려 주심으로써 이 번역서가 나올 수 있게 도와주신 각화사 서암 고우 큰스님께 깊이 고개 숙여 감사를 드린다. 그리고 이 책은 몇 년 전에 세상에 선을 보였었는데, 이번에 다시 손을 보아 운주사에서 출간하게 되었다. 어려운 여건 속에서도 이 책의 출간을 선뜻 허락해 주신 운주사 김시열 사장님과 훌륭한 책이 되도록 정성을 다해 주신 운주사 식구들께도 감사의 말씀을 드린다.

2006. 5.

역주자 전재강全在康

禪要

고봉화상 선요

해제解題

『선요禪要』는 중국 남송南宋 말기에 선풍을 드날린 고봉원묘선사高峰原妙禪師의 법문집法門集이다. 먼저 고봉선사의 일생을 간략하게 살피고 『선요』를 소개하고자 한다.

고봉(1238-1295)은 송원宋元 교체기에 일생을 보냈는데, 당시 중국은 사상적, 정치적 측면은 물론 대외 관계에서도 몽고가 침입하여 남송南宋을 무너뜨리고 원元 나라를 세우는 등 커다란 역사적 변동기에 놓여 있었다. 불교 중심의 당나라 제국이 송으로 바뀌면서 소위 정주학程朱學이라고 하는 새롭게 체계화된 신유학新儒學이 시대의 중심 이념으로 자리를 차지했다. 그러나 신유학이라는 이념에 뿌리를 두고 시행된 문인 중심의 문치文治는 안으로는 당쟁을 야기하고 대외적으로는 문약文弱으로 인한 잦은 외세 침략과 송 제국의 멸망이라는 불행을 불러 오기에 이르렀다.

선종禪宗의 경우 조사선祖師禪의 사상은 중국 고유 사상과 결합하면서 출가와 재가를 크게 나누지 않는 생활 중심의 불교로 자리잡아갔다. 송대에는 당말唐末 이후 발전해 오던 오가선종五家禪宗 가운데 위앙종潙仰宗, 법안종法眼宗, 조동종曹洞宗의 세력이 약화되었다.

또한 북송 때 번창하던 운문종雲門宗까지 영향력을 상실하면서 남송 이후로는 임제종臨濟宗이 선맥의 중심을 차지했는데, 고봉은 바로 그 임제종의 선맥을 이은, 임제선사臨濟禪師 제18대 적손嫡孫이었고 육조 혜능六祖慧能으로부터는 23대손이었다.

고봉은 1238(南宋 嘉熙 2年 戊戌)년 소주蘇州 오강현吳江縣에서 출생했다. 속성俗姓은 서씨徐氏이고 휘諱는 원묘原妙이다. 고봉高峰이라 스스로 불렀고 사람들은 고불古佛이라고도 일컬었다. 어머니 주씨周氏는 승려가 배를 타고 와서 투숙하는 것을 꿈꾸고 고봉을 잉태했는데, 어려서부터 가부좌跏趺坐하기를 좋아하였고 성격은 여유있고 신중했으며 말과 웃음이 적었다고 한다. 행동은 마른 학과 같이 나약해 보였으나 그 정신과 기백은 정밀하고 강건하여 남을 압도했으며 승려를 만나서는 손을 모으고 예의를 표할 줄 알았다고 한다.

그는 15세(1252년)에 교종 사찰인 밀인사密印寺로 출가하여 16세에 구족계具足戒를 받았고 18세까지 천태학天台學을 공부했다. 그러나 언제나 일대사一大事를 해결하는 길이 달마종達磨宗에 있다고 믿고 선지식을 찾아 행각行脚하던 중 20세에 단교묘륜斷橋妙倫선사가 주석하고 있는 정자사淨慈寺에 나아가 교종敎宗에서 선종禪宗으로 수행 방향을 바꾸었다. 그리고 22세 때에는 3년의 죽을 기한을 정하고 참선 공부를 시작했다. 고봉은 단교화상으로부터 '태어날 때에는 어디에서 왔으며 죽으면 어디로 가는가?(生從何來 死從何去)'라는 화두話頭를 받았으나 생각이 두 갈래로 나누어져 1년이 넘는 시간만

낭비했다고 했다.

북간탑北磵塔에 있던 설암조흠雪巖祖欽선사를 찾아가 조주趙州 무자화두無字話頭를 받아 참구參究했으나, 『선요禪要』 '개당보설開堂普說'의 내용에 따르면 여기서도 일념一念을 이루지 못하고 혼침昏沈과 산란散亂에 시달렸다고 한다. 뒤에 설암이 고봉에게 '누가 네 시체를 끌고 왔는가(阿誰拖你死屍來)?'라는 화두를 다시 내린 것이 그런 사정을 간접적으로 설명해 준다. 경산徑山 쌍경사雙徑寺 선방에서 한철을 지내는데 단교로부터 받았던 '만법귀일萬法歸一' 화두에 의정疑情이 일어나 침식寢食을 잊고 몰입하였다. 삼탑각三塔閣에서 일념이 된 상태로 대중과 함께 경전을 독송하다가 오조법연五祖法演선사의 진영찬眞影贊에 쓰인 '백년 삼만 육천 아침에 반복하는 것이 원래 이놈이다(百年三萬六千朝 反覆元來是這漢)'라는 글을 보는 순간 '타사시구화拖死屍句話'를 깨달았다. 이것이 일생 동안 고봉이 경험한 두 번의 깨달음 가운데 첫 번째 깨달음인데 당시 그의 나이 24세(景定 2年, 1261)였다. 그러나 첫 번째 깨달음은 확철대오確徹大悟가 아닌 깊은 지견知見의 성격을 가진 것이었다. 공안을 분명히 밝혀서 남의 속임을 받지 않게는 되었으나 말할 때나 일상생활에서 자유자재自由自在가 되지 않고 언제나 남의 빚을 지고 덜 갚은 것과 같았다고 한 고봉의 말에서 첫 번째 깨달음이 확철대오가 아님을 분명히 알 수 있다.

고봉은 자신이 경험한 깨달음의 깊이를 짐작했기 때문에 여러 사찰을 행각行脚하면서 정진을 계속해 나갔고, 천녕사天寧寺에 놀아와 설암을 시봉侍奉하면서 그의 가르침을 받았다. '잠이 깊이 들어

꿈도 생각도 없고, 보지도 듣지도 못하는 때에 주인공은 어디 있는가?'라는 설암의 질문에 대답을 못하고 그 길로 임안臨安 용수사龍鬚寺에 나아가 5년간의 철저한 정진 끝에 어느 날 밤 함께 잠자던 도반이 떨어뜨린 목침 소리를 듣고 활연대오豁然大悟했다. 그가 처음 깨달음을 경험한 지 10년이 지난 34세(咸淳 7年, 1271) 때의 일이었다.

그 이후에 4년 동안 용수사에 더 머물면서 무위도인無爲道人의 삶을 살았다. 1279년 남송이 멸망하고 학인들이 흩어짐에 고봉은 천목산天目山 사자암獅子庵으로 거처를 옮겨가서 그 가까이 '사관死關'을 세우고 납자와 대중을 '삼관三關'이라는 관문關門으로 지도해 나갔다. 고봉이 지도하거나 계를 준 사람은 수 만여 명이 되나 제자는 1백여 명에 그친다. 1295(元 元貞 元年 乙未)년에 입적하니 세수 58세, 법랍 43세였다. 이상에서 살핀 임제선사의 직계 적자인 고봉의 삶은 간화선看話禪, 실참실오實參實悟, 확철대오確徹大悟에 충실했던 옛 조사祖師의 삶이 어떠했던가를 잘 대변해 준다.

다음은 『선요禪要』의 내용을 간단히 살펴보고자 한다. 『선요』는 고봉의 속가 제자인 홍교조洪喬祖가 고봉의 설법을 모아서 1294년에 간행한 설법집이다. 고봉은 스스로 저술을 남기지 않았으나 『고봉대사어록高峰大師語錄』 권상卷上과 권하卷下가 명대明代 만력萬曆27년(1599)에 간행되어 고봉의 저서 혹은 관련 기록으로 남아 있다. 따라서 『고봉대사어록』이 간행된 것은 『선요』가 간행된 지 3백여 년이 지난 뒤의 일이 된다. 이 두 책의 내용을 대비해 보면 『선요』의 내용이 『고봉대사어록』에 거의 모두 재수록되어 있다. 『고봉대사어록』에는 선요의 내용을 포함하여 상권에 148편, 하권에 105편의 각종 법문이 실려 있고, 고봉의 행장과 탑명 등도 함께 실려 있다.

『선요』가 언제 처음으로 우리나라에 도입되었는지는 정확한 기록이 없다. 여러 정황으로 보아서 대략 고려 후기에서 조선 초기쯤이 아닌가 하는 추측을 할 수 있을 뿐이다. 조선시대에 들어오면서 『선요』는 매우 중시되고 여러 판본으로 출간하게 된다. 현존 최고본으로 알려진 덕기사본德奇寺本이 1399(조선 정종1)년에 간행된 것을 필두로 봉서사본鳳棲寺本, 남대암본南臺庵本, 쌍계사본雙磎寺本, 안심사본安心寺本, 능인암본能仁庵本, 송광사본松廣寺本, 석왕사본釋王寺本, 천관사본天冠寺本, 용장사본龍藏寺本, 운용사본雲龍寺本, 징광사본澄光寺本 등 여러 판본이 그것인데, 또 다른 판본이 더 발견될 가능성도 여전히 남아 있다. 그리고 『선요』에 대한 주석서로는 조선 후기에 나온 연담유일蓮潭有一의 '선요사기禪要私記', 백파긍선白坡亘璇의 『선요기禪要記』가 있고 1936년에 간행된 안진호安震湖의 『현토주해 선요懸吐註解 禪要』, 1968년에 나온 지관智冠의 『사집사기四集私記』 등 네 가지가 있다. 『선요』에 대한 관심은 현대에도 그대로 이어져 탄허呑虛, 통광通光 등 승려들을 중심으로 여러 번 번역되었다.

『선요』에 나오는 법문은 주로 고봉 만년에 이루어진 것으로 기존 연구에서 밝혀졌다. 홍교조의 서문 내용이나 『고봉대사어록』과의 대비에서 이러한 사실이 자연스럽게 드러난다. 따라서 『선요』는 선禪에 대한 고봉의 입장이 체계적으로 정리되고 깨달음이 완전히 성취된 뒤에 나왔기 때문에 조사선의 핵심을 집약적이고 여실하게 보여주는 저서임을 의심할 여지가 없다. 『선요』의 핵심 내용을 보면 바로 『선요』를 왜 발간하게 되었는지 그 동기나 목적을 쉽게 짐작할 수 있다.

『선요』에는 '선'에 대한 고봉의 엄정嚴正한 입장이 드러난다. '본래 부처라는 입장을 근본 바탕으로 하지 않는 것은 어떤 것도 이미 선이 될 수 없다는 것이 그것이다.

고봉은 이 책에서 본래성불本來成佛과 순간瞬間 깨침을 말하면서도 여기에 미치지 못하는 하근기下根機 사람을 위하여 참구參究 깨침의 방편으로 선을 소개했다. 화두를 참구해서 일념이 되고 은산철벽銀山鐵壁을 투과透過하여 확철대오確徹大悟에 이르는 공부 과정에서 각 단계마다 필요한 요소나 경계해야 할 사항을 말하고 있다. 화두를 참구하는 방법, 화두참구에 필요한 대신심大信心·대의정大疑情·대분지大憤志의 세 요소, 일대사一大事, 화두참구 과정에 만나는 각종 병통, 향상사向上事 등에 대한 가르침 등이 바로 그것이다. 가르침을 내리는 방법 역시 때로는 주객이 벌어진 상태에서 설명을 하기도 하고 때로는 주객이 벌어지기 이전 상태에서 선적으로 법을 보이기도 했다.

이러한 『선요』의 내용은 고봉 자신이 일생 동안 실천해 온 선수행과 대중 교화의 구체적인 경험에 근거해서 이루어졌기 때문에 공허空虛하거나 생경生硬하지 않으며, 『선요』를 읽으면 누구나 마치 고봉을 직접 만나는 듯한 실감과 간절함, 긴장감을 느낄 수 있다. 요컨대 조금의 군더더기도 없이 조사선의 핵심을 여실히 보여주고 있는 책이 바로 『선요』이기 때문에 『선요』는 특히 진정한 스승을 만나기 어려운 이 시대에 선禪을 가르쳐 주는 등불과 같은 책이라 할 수 있다.

일러두기

1. 이 역주서譯註書는 대한불교조계종大韓佛教曹溪宗 교육원教育院 교재편찬위원회教材編纂委員會에서 현토懸吐/교감校勘한 『고봉화상선요高峰和尙禪要』를 저본底本으로 했으며 일부 한문 자료의 주석도 이 책 미주尾註의 도움을 받았다.

2. 원본의 한문 문장이 너무 길어 의미 전달에 어려움이 있는 경우에는 문장을 짧게 나누어 번역하고 이해를 높이고자 했다.

3. 선에 대한 고봉선사高峰禪師의 기본 취지인 본래부처의 입장에 근거하여 일관되게 원문을 해석하고 주석을 달았다.

4. 이 책에서 역주자는 선禪에 대한 선학적禪學的 접근接近을 시도하고 있기 때문에 다양한 선의 표현, 예를 들면 '일기일경一機一境', '일언일구一言一句'에 대해서도 자세한 풀이를 시도했다. 그러나 부득이 풀이하기 곤란한 경우에는 이를 포괄적으로 설명하여 독자들이 스스로 참구할 수 있는 여지를 남겼다.

5. 각 장 끝부분에는 '요지要旨' 항목을 설정하고 해당 장의 전체 내용을 요약 제시하여 주제에 쉽게 접근할 수 있도록 했다.

6. 대화 인용은 온따옴표(" "), 강조나 여타 인용은 반따옴표(' ')를 사용했으며, 단행본으로 통하는 책을 인용할 경우에는 꺾은 괄호(『 』)를 사용했다.

7. 이 책의 역주는 각화사 서암에 주석하고 계시는 고우 큰스님의 엄정한 가르침과 배려로 이루어졌으나 역주 과정에 발견되는 일체 미흡한 부분은 전적으로 역주자의 책임이다.

고봉화상선요서高峰和尙禪要序

참선參禪은 비록 문자를 세우지 아니하며 닦고 깨닫는 것〔證得〕을 빌리지 않는 것으로 종지宗旨를 삼지만[1] 이미 참구參究한다면 반드시 요점要點이 있을 것이다. 요점은 어떤 것인가? 그물에는 벼릿줄[2]이 있고 옷에는 옷깃이 있어서 사람으로 하여금 한번에 곧 바르게 들 수 있게 하는 것이 곧 요점이다. 만 개의 그물눈이 다 그물이 아님이 아니지만 벼릿줄을 버려두고 그물눈을 잡아들면 그물은 바르게 펴지지 않는다. 만 개의 실올이 옷 아님이 아니지만 옷깃을 버려두고 실올을 들면 옷은 결코 펴지지 않는다. 영가永嘉스님[3]은 "잎 따고

1 문자뿐만이 아니라 부처와 중생, 출세간법과 세간법, 반야와 망상 등 일체 상대적인 세계를 허용하지 않는다는 말이다. 또한 본래 완성되어 있는 본분처本分處는 닦거나 깨달을 것도 없다는 것이 선의 입장이다

2 그불의 그물코를 꿰어 잡아당길 수 있게 만든 중추적인 위쪽 줄을 말한다.

3 영가(永嘉, 665-713)는 중국 당나라 고종, 중종, 예종 때의 선승禪僧이다. 호는

가지 찾는 일을 나는 하지 않는다."[4]고 하였다. 가지와 잎은 요점이 아니다. 근본이 참으로 요점인데 배우는 사람이 근본을 알지 못한다. 아호鵝湖[5]는 "요점은 본인이 좋은 것〔上〕을 선택하는 것이다."[6]라고 말했다. 좋은 것을 가려서 따르는 것이 옳지만 배우는 사람들이 가끔 출발에서부터 선택을 잘못하여 남쪽 월越나라로 가려 하면서 수레 채를 북쪽으로 향하게 한다. 옛날부터 조사들이 남긴 책이 산적해 있는데 그 말 한 마디가 참으로 핵심 강령綱領이 아닌 것이 없었다. 세상이 성인이 살았던 때와 멀어졌다고는 하나 어찌하여 인정이 날로 더 거짓되고 마음과 뜻과 의식[7]이 좀먹어 요점을 그물눈과 실올로 보는 자가 이렇게 많은가?

일숙각一宿覺이고 천태 지관天台止觀에 정통했다. 육조 혜능慧能을 만나 의심을 해결해서 제자가 되었고 자신의 깨달음을 '증도가證道歌'로 남겼다.

4 "근원을 바로 끊어버리는 것이 부처님께서 인가하신 바니, 잎을 따고 가지를 찾는 일을 나는 하지 않네.(直截根源佛所印 摘葉尋枝我不能『景德傳燈錄』卷第三十, 大正藏 卷第五一 四六零上)"

5 마조도일馬祖道一의 제자다.

6 여기서 상上은 좋은 것을 의미하는데, 그것을 택한다는 말이다.
"참선을 하고 도를 배우는 것은 어떻게 하는 것인가? 중요한 것은 본인이 최상의 좋은 것을 선택하는 것이라네. 다만 몸을 잊고 마음을 죽이지 말라, 이것이 고치기 어려운 가장 심각한 병이라네.(參禪學道幾般樣 要在當人能擇上 莫只忘形與死心 此箇難醫病最深『緇門經訓』卷第二, 大正藏 卷第四八, 一零四八中)

7 마음心은 팔식八識 무의식無意識이고, 뜻意은 칠식七識 잠재의식潛在意識이며, 의식識은 육식六識 표면의식表面意識이다.

高峰和尙禪要序

參禪은 雖以不立文字하며 不假修證으로 爲宗이나 然이나 旣可叅則必有要하니 要者는 何오 如網之有綱하여 衣之有領하야 使人一擧而徑得其直遂者ㅣ是也라 萬目이 非不綱也나 遺綱擧目이면 網必不張이요 萬縷ㅣ非不衣也나 捨領擧縷면 衣必不振이니라 永嘉ㅣ云호대 摘葉尋枝는 我不能이라하니 枝與葉은 非要요 根本이라사 固要也어늘 學者ㅣ復昧其根本이로다 鵝湖云호대 要在當人能擇上이라하니 擇善而從이可也어늘 學者ㅣ往往에 差決擇於發軔하야 終適越而北轅이로다 乃至從上祖師의 遺編이 山積이라 一話一言이 固無非綱領이로대 奈何世降聖遠에 情僞日滋하야 心意識이 有以蠱蝕之라 則視綱領하야 爲目縷者ㅣ盖忽忽矣리요

우리 스승 고봉화상이 쌍봉雙峰에서 서봉사西峰寺에 오기까지 20여 년 동안 이 점[8]을 염려하신 까닭에 마지못해[9] 사람들에게 핵심을 보이셨다. 신통한 약이 극히 적은 분량[10]으로 죽은 사람을 살려내고, 영험한 부적이 한 점 한 획으로 되어 있지만 나쁜 귀신〔邪鬼〕을 몰아내는 것과 같다. 그러므로 기이奇異한 처방과 신비한 주문呪文을 모아 배우는 사람이 강령을 삼을 수 있게 하였다.

---

8 지엽적枝葉的인 것과 근본적根本的 것을 혼동하는 세태世態를 말한다.
9 본래부처인 본분本分의 기준에서는 핵심을 보인다는 것도 잘못이라는 말이다.
10 약을 떠먹을 때 사용하는 숟가락으로써 본래는 도규刀圭라고 하는데 여기서는 아주 적은 분량을 의미한다.

어떤 사람이 물었다.

"새를 잡는 것은 그물눈이지 벼릿줄이 아니며 추위를 막는 것은 실올이지 옷깃이 아니다. 팔만 사천 가지 일체 가르침이 낱낱이 다 들어갈 수 있는 문門이다. 그렇다면 그물눈과 실올도 요점이 아닌가?"

이에 곧 대답했다.

"세존의 가르침이 참으로 넓고 크고 끝이 없으나 돌아보건대 방편을 베푼 것은 하나의 좁고 작은 문[11]이다. 여러 사람으로 하여금 불난 집을 벗어나 대승의 가르침에 들어가게 하셨다. 이것은 그물눈과 실올을 아울러〔包攝〕 핵심을 삼은 것이다. 그렇다면 이것이 벼릿줄인가, 그물눈인가? 옷깃인가, 실올인가? 요점인가, 요점이 아닌가? 최고의 바른 안목을 갖춘 사람[12]이 아니면 쉽게 말할 수 없다."

我師高峰和尙이 自雙峰으로 而西峰히 二十餘年을 念此之故로 不獲已하사 示人剋的하시니 如神藥이 刁圭而起死하고 靈符ㅣ點畫而驅邪라 故로 有採其奇方秘呪하야 得以爲學徒綱領者러라 或이 曰獲禽은 在目이라 不在綱이요 禦寒은 在縷라 不在領이니 八萬四千法門이 門門可入이라 目與縷는 果非要耶아 將應之曰世尊法門이 信廣大無邊이나

11 협소일문狹小一門을 해석한 것이다. 삼승三乘을 가르쳐서 일승一乘에 들어가게 하고, 일승一乘을 가르쳐 불승佛乘에 들어가게 한다고 했을 때 삼승이 일승으로 줄었기 때문에 좁은 문이라고 한다(會三歸一).

12 정문정안頂門正眼, 명안종사明眼宗師를 뜻한다.

顧乃設爲方便은 狹小一門이라하야 使諸子로 出火宅而入大乘하시니 是는 攝目縷하야 爲綱領耳니라 然則綱耶아 目耶아 領耶아 縷耶아 要耶아 非要耶아 未具頂門正眼인댄 未可以易言也니라

교조喬祖가 서봉西峰스님의 법석法席에 참석한 이후 대중에게 내리신 가르침 가운데 수행하여 깨닫는 데에 절실한 것들을 매번 베껴 모아서 이를 『선요』라 이름 붙였다. 이는 참선에 뜻을 둔 사람들과 오랫동안 함께 수행하고자 한 것이었다.

하루는 고소산 영중사에 계신 스님[13]께 이를 보여드리니 그 스님이 기꺼이 인연을 모아 목판에 새기고자 하였다. 그가 나에게 서문序文을 쓰게 하여 내가 이미 부탁을 받고 다시 말하기를 "고봉스님의 특별한 한 요점의 말씀은 강령 밖에 있어서 허공의 뼈 속에 감춰져 있습니다. 형은 목판에 새기고 나는 서문을 쓰고자 하나 미칠 수가 없습니다.[14] 오히려 다른 날 다시 한번 나타내 보임을 기다리겠습니다."라고 했다.

지원 갑오[15] 9월 9일 천목산에서 공부를 배운 직옹 홍교조[16]는

---

13 지현선사智現禪師이다.

14 허공의 뼈 속에 감춰진 핵심은 목판을 새기고 서문을 쓰는 것으로는 나타낼 수 없다는 것을 뜻한다.

15 지원至元은 남송을 멸망시킨 원세조元世祖의 연호年號이고 갑오년甲午年은 1294년이다.

16 고봉스님의 재가在家 제자弟子로 이름은 신은新恩이고 법명은 교조喬祖, 호는 직옹直翁이다.

삼가 쓴다.

喬祖ㅣ預西峰法席以來로 每抄集示徒法語之切於叅決者 名之曰禪要라하고 久欲與有志者로 共之러라 一日에 擧似姑蘇永中上人하니 欣然欲募緣鋟梓하야 且俾 喬祖로 爲之序하라하야늘 喬祖ㅣ旣已承命하고 復告之曰師의 別有一要語ㅣ在綱領外하야 藏之虛空骨中하니 兄欲鋟하고 我欲序ㅣ皆不能일새 尙俟他日에 更作一番揭露하노라

至元甲午重九日 天目叅學直翁 洪喬祖 謹書

【요지】

본래성불해 있는 본분자리에서는 말길이 끊어지고〔言語道斷〕, 생각의 자취도 끊어져〔心行處滅〕 자유자재自由自在할 뿐이지 따로 닦고 깨달을 것이 없다. 닦아서 깨닫는다면 머리 위에 다시 머리를 더 올리는 것과 같이 군더더기일 뿐이다. 그러나 제 이두第二頭에서는 어쩔 수 없이 화두話頭를 참구參究하는 수행修行을 하여 삼매(三昧, 銀山鐵壁) 단계를 거쳐 깨닫기 위하여 반드시 공부의 요점이 필요하다. 이에 고봉스님의 가르침 가운데 중요한 내용을 가려 뽑아 『선요禪要』라 이름 붙이고 수행의 지침을 삼는다고 했다. 그러나 고봉스님의 특별한 요점의 일구一句는 『선요』 밖에 있음을 알아야 한다.

선요발禪要跋

고령신찬선사古靈神贊禪師[17]는 경전 읽는 것을 묵은 종이 뚫는 것이라 했고,[18] 윤편輪扁[19]은 책 읽는 것을 술찌끼나 맛보는 것으로 여겼다. 참으로 도는 문자로 얻을 수가 없기 때문이다. 그러나 도道는 장소場所가 없고 본체本體[20]는 모양模樣이 없으니 문자가 아니면 무엇을 가지

---

17 당나라 초기 선사로 백장회해百丈懷海를 만나서 깨달음을 얻었다.

18 신찬 스님이 자기 스승을 깨우치기 위하여 "즐겨 빈 문으로 나가지 않고 창문에 몸을 부딪치니 또한 크게 어리석구나! 백 년 동안 묵은 종이를 뚫은들 어느 날에 나갈 기약이 있겠습니까?(空門不肯出 投窓也大痴 百年鑽古紙 何日出頭期)"라는 게송偈頌을 지어 읊었다.

19 『장자莊子』 '외편外篇 천도天道'에 나온다. 윤편輪扁은 수레를 만드는 사람이다. 주군主君인 제환공齊桓公의 책 읽는 것을 술찌끼 맛보는 데에 비유하여 노여움을 샀다. 수레를 만드는 일이 구체적인 자기의 경험에 있다는 점을 말하여 주군을 설득했다.

20 진리〔法〕의 본체本體, 당체當體, 즉 법신法身을 말한다.

고 밝히겠는가?

이 때문에 우리 세존世尊께서는 각자의 능력〔根機〕[21]에 따라 가르치고〔敎化〕 자세하게 지도하시면서 12부部의 가르침을 말씀하지 않을 수 없으셨다. 달마대사가 서쪽에서 와서 비록 문자를 세우지 않았으나 주고받을 때는 입으로 전달하고 대면해서 명령했다. 이 또한 말을 버릴 수가 없었기 때문이다. 대개 도는 말과 글에 있지 않으나 실제 말과 글을 떠나 있는 것도 아니다. 특별히 정밀하고 미세한 뜻[22]은 말 밖에 갖추어져 있어 쉽게 엿볼 수가 없다. 세상의 배우는 사람이 가끔 말에 빠져 그 정밀하고 자세한 뜻을 체득해 알지 못하며 달을 가리키는 손가락만 보고 하늘에 뜬 달을 보지 못한다.[23] 말과 글이 장애 되는 것을 보고 고령선사와 윤편은 격분激奮해서 "옛 종이를 뚫는다, 술찌끼를 맛본다."는 기롱譏弄을 하기에 이르렀다. 그러나 바로 말과 글로 심화心華[24]를 발명하고 오묘한 도를 본떠 그릴 수 있으니 처음부터 어찌 말이 도를 장애障碍한다고만 하겠는가?

禪要跋

古靈은 以閱經으로 爲鑽古紙하고 輪扁은 以讀書로 爲味糟粕이라하니 良以道는 不可以言語文字로 求也일새니라 然이나 道無方하고 體無形

21 부처님의 가르침〔敎法〕을 배움에 있어 수준 차이에 따른 능력을 말한다.

22 살활자재殺活自在하는 자리이다.

23 달은 진리 자체이고 손가락은 방편方便으로써 부처님의 가르침을 말한다.

24 무분별지無分別智의 빛을 뜻한다.

하니 似非言語文字면 何從而明之리요

是以로 吾佛世尊이 雖隨機化誘하사 曲成密庸하시나 而不能不談十二部法하시니라. 達磨西來하사 雖不立文字하시나 而授受之際에 口傳面命하시니 亦不能以忘言이시니라 盖道는 雖不在於言語文字나 實不離於言語文字오 特精微之旨는 具於辭說之表라 未易窺覩로다 世之學者 往往에 沈着於語下하야 不能體會其精微하며 徒觀標月之指하고 不覩當天之月이라 遂以言語文字로 爲礙하야 致俾古靈輪扁으로 激而爲故紙糟粕之譏로다 然이나 言語文字는 正所以發明心華하사 模寫道妙어니 初何嘗碍道哉리요

고봉스님의 설법이 구름과 비와 같은데 직옹홍군直翁洪君이 그 기이奇異하고 비밀한 것[25]을 모아 『선요禪要』라 이름하고 영중사永中寺 스님이 이를 목판에 새겨서 널리 전하였다. 이는 그물을 들어 벼릿줄을 얻은 것이며 옷을 끌어 옷깃을 잡은 것이다. 장차 배우는 사람들로 하여금 가르침의 핵심에 근거하여 진리〔道體〕의 온전함을 이해하도록 했으니 후학後學을 열어주는 마음이 돈독하다고 할 만하다. 배우는 사람이 여기서 과연 넉넉하게 공부하고 흡족하게[26] 익혀 나아가면 시원스레 얼음이 풀리는 것과 같이 이치에 기쁘게 합치〔契合〕될 것이다. 공부의 차례와 나아가는 방법〔操略〕[27]을 고봉스님께서

25 핵심核心, 즉 요지要旨를 말한다.

26 넘어厭飫라는 말은 본래 싫도록 많이 먹는다는 말인데, '흡족하다'는 뜻으로 사용된다.

이미 밥상까지 다 내 주어서[28] 모든 것이 이 책 안에 있다. 다만 배우는 사람이 열심히 하지 아니하여 승당承當하지[29] 못할까 근심할 뿐이다.

아! 편작의 처방전에는 신령한 약이 갖추어져 있으니 이를 혹 신단神丹이라 이름하고 혹 무우산無憂散[30]이라 이름한다. 죽었다가 살아나는 공이 찰나에 있다. 안목 있는 사람이 정신을 쏟고 마음을 다해서 부지런히 구하면 얻지 못할 사람이 없을 것이다. 고봉선사의 말씀이 어찌 그대를 속이겠는가? 배우는 사람이 삼가 고령古靈과 윤편輪扁의 말을 잘못 알아 고봉스님의 거듭된 가르침을 잊지 않으면 아마 직옹直翁과 영중永中의 공력이 헛되이 베푼 것이 되지 않으며, 어록을 보고 발명發明함[31]을 얻는 사람이 나와서 오로지 그 전前만[32] 아름답게 되지는 않을 것이다.

지원 갑오년에 시월 재생백哉生魄[33]에 참학參學 청소淸笤[34] 정명淨

---

27 조操는 지조志操이고 약略은 모략謀略을 말하는데 닭이 알을 품는 것과 같은 간절한 뜻이 전자이고, 모기가 철우鐵牛 등을 뚫고 들어가는 것과 같은 지극한 의지가 후자이니 공부하는 최고의 방법이라는 말이다.

28 밥을 주는데 밥상까지 다 내준다는 말은 얻은 일체의 법을 중생 제도에 남김없이 쓴다는 말이다.

29 조사선祖師禪에서 깨닫는 것을 말한다.

30 신단神丹과 무우산無憂散은 모두 주객主客이 하나되어 분별망상심分別妄想心을 없애는 약을 비유적으로 나타낸 표현이다.

31 깨달음을 말한다.

32 고봉스님의 가르침을 직접 받고 깨달음을 얻었던 당시를 말한다.

33 음력 16일이다.

34 본래 지명인데 여기서는 호號로 사용됐다.

明[35] 주영원朱潁遠은 삼가 발문을 쓴다.

高峰和尙의 說法이 如雲如雨커늘 直翁洪君 撮其奇秘하야 名曰禪要라하고 永中上人이 從而鋟梓하야 以廣其傳하니 擧網而得綱이며 挈裘而振領이라 將俾學者로 因法語之要하야 以會道體之全하니 其開牖後學之心이 可謂篤矣로다 學者ㅣ於此에 果能優遊而求之하며 厭飫而趨之하면 渙然氷釋하고 怡然理順하리니 則工夫次第와 進趣操略을 老師ㅣ已和盤托出하사 盡在此書矣라 特患學者ㅣ未能猛烈承當耳이로다 吁라 扁鵲方中에 具有靈藥하니 或名神丹이며 或名無憂散이라 回生起死功在刹那하니 具眼目하니는 着精神盡心力하야 汲汲而求之하면 未有不得者리라 老師之言이 豈欺汝也리요 學者 愼無錯認古靈輪扁之言 而忘老師諄諄之誨하면 庶幾直翁永中이 功不虛施하며 亦使觀語錄而得發明者로 不專美於前矣리라

至元甲午十月哉生魄

叅學淸笤淨明朱潁遠 謹跋

【요지】

하늘의 달을 보려고 하면 달을 가리키는 손가락이 필요한 것처럼 심화心華를 드러내고 진리〔妙道〕를 얻으려면 『선요』가 매우 중요하다는 것을 설명했다.

35 헌호軒號다.

高峯和尚禪要

侍者指正 錄

參學直翁居士洪喬祖 編

1. 개당보설[36]

한 스님이 물었다.

"'여러 곳〔十方〕에서 함께 모여 누구나 무위無爲를 배우네. 이곳이 곧 선불장選佛場이니 마음이 비어 급제及第해 돌아가네.'[37]라고 한 방거사龐居士의 이 말씀 가운데에 사람을 위하는 곳이 있습니까?"

고봉 선사가 대답했다.

"있다."

그 스님이 또 물었다.

---

36 개당開堂이라는 말은 조실祖室로 취임하여 처음 설법說法하는 행사를 말하고, 보설普說이라는 말은 일체중생에게 설법을 널리 하여 정법正法을 열어 보이는 것을 뜻한다. 고봉선사는 지원至元 정해년(丁亥年, 1287)에 조실이 되어 처음 설법을 했다.

37 견성성불見性成佛하는 것을 세속의 과거 급제에 비유했다.(『祖堂集』卷第一五, 高麗大藏經卷第四五一 二六八上)

"필경 어느 구절句節에 있습니까?"

고봉선사가 대답했다.

"처음부터 다시 물어라."

그 스님이 또 물었다.

"어떤 것이 여러 곳〔十方〕에서 함께 모였다는 말입니까?"

고봉선사가 대답했다.

①"용과 뱀이 섞이고 범부와 성인이 섞여서 참례한다."

그 스님이 또 물었다.

"어떤 것이 누구나 무위를 배우는 것입니까?"

고봉선사가 대답했다.

②"입으로 부처와 조사를 삼키고 눈으로 하늘과 땅을 덮어 버린다."

그 스님이 또 물었다.

"어떤 것이 선불장選佛場입니까?"

고봉선사가 대답했다.

③"동서가 십만이고 남북이 팔천이다."

그 스님이 질문했다.

"어떤 것이 마음이 비어 급제해 돌아가는 것입니까?"

고봉선사가 대답했다.

④"움직이는 모양이 옛길[38]에 씩씩해서〔揚揚〕 초연기悄然機[39]에 떨어지지 않는다."[40]

---

38 본분本分의 길이다.

39 적적寂寂한 경계境界다.

그 스님이 말했다.

"그렇다면 말마다 진리가 보이고 구절마다 종지가 나타났습니다."[41]

고봉선사가 물었다.

"그대는 무엇을 보았느냐?"

이에 그 스님이 '할喝'을 하니

고봉선사가 말했다.

"몽둥이를 휘둘러 달을 때리는구나!"[42]

開堂普說 其一

僧이 問호대 十方同聚會하야 箇箇學無爲하나니 此是選佛場이라 心空及第歸라하신 龐居士의 恁麼道ㅣ還有爲人處也無잇가 師云有니라 進云畢竟에 在那一句닛고 師云從頭問將來하라

進云如何是十方同聚會닛고 師云龍蛇混雜하고 凡聖이 交叅이니라 進云如何是箇箇學無爲닛고 師云口呑佛祖하고 眼掛乾坤이니라 進云如何是選佛場이니고 師云東西十萬이요 南北이 八千니라 進云如何是心空及第歸닛고 師云動容揚故路하야 不墮悄然機니라 進云恁麼則言言見諦요 句句朝宗이로소이다 師云你ㅣ甚處見得고 僧이 喝한대 師云也

40 이상 밑줄 그은 ①~④ 네 구절은 우열優劣이나 유무有無, 오매悟昧의 차별로 알 수 없는 곳이며 본분사本分事 그 자리에서 살활殺活 자유자재自由自在하게 대답한 것이다.

41 조朝는 제후가 봄에 천자를 알현하는 것이고 종宗은 가을에 알현하는 것으로, 여기서 조종朝宗은 종지宗旨를 뜻한다.

42 우매愚昧한 노력을 비유적으로 표현한 말이다.

是掉棒打月이로다

그 스님이 또 질문했다.

"이 일은 그만 두고 서봉西峰은 오늘 여러 곳에서 모여 선불장選佛場이 열렸으니 필경 무슨 좋은 일이 있습니까?"

고봉선사가 대답했다.

⑤"산하대지山河大地와 삼라만상森羅萬象, 유정무정有情無情이 다 성불했다."

그 스님이 또 질문했다.

"이미 다 성불했다면 무엇 때문에 저〔學人〕는 성불하지 못했습니까?"

고봉선사가 대답했다.

⑥"그대가 만약 성불한다면 어찌 대지가 성불했겠는가?"

스님이 또 물었다.

"필경 제 허물이 어디에 있습니까?"

고봉선사가 대답했다.

⑦"상주는 남쪽에 있고 담주는 북쪽에 있다."[43]

---

43 진眞이 한참 말이 없다가 이르기를 '성상聖上은 알겠습니까?', 대답하기를 '모르겠습니다.' 진이 게송을 읊기를 '상주는 남쪽에 있고 담주는 북쪽에 있으니 그 가운데 황금이 있어 한 나라를 채울 만하네. 그림자 없는 나무 아래에 함께 배를 타니 유리 보전에는 아는 사람이 없구나!(眞良久曰 聖上會麽 曰不會 眞述偈曰 湘之南潭之北 中有黃金充一國 無影樹下合同船 琉璃殿上無知識.『景德傳燈錄』卷第五, 大正藏 卷第五一 二四五上)

그 스님이 또 질문했다.

"저에게 참회를 허락합니까?"

고봉선사가 대답했다.

"예배하라."

그 스님이 절을 하자 고봉선사가 이르기를,

⑧"사자獅子는 사람을 물고 한韓나라 개는 흙덩이를 쫓는다."[44]라고 했다.[45]

進云此事는 且止하고 只如西峰은 今日에 十方聚會하야 選佛場開하시니 畢竟에 有何祥瑞닛고 師云山河大地와 萬像森羅와 情與無情이 悉皆成佛이니라 進云旣皆成佛인댄 因甚하야 學人은 不成佛이닛고 師云你若成佛인댄 爭敎大地成佛이리요 進云畢竟에 學人은 過在甚麽處니고 師云湘之南潭之北이니라 進云還許學人으로 懺悔也無잇가 師云禮拜着하라 僧이 纔拜하니 師云獅子는 咬人하고 韓盧는 逐塊니라

44 왕공이 말하기를 '사자는 사람을 물고 한나라 개는 흙덩이를 쫓는다.' 미사米師가 가만히 이 말을 듣고 곧 이전의 오류를 돌아보고 문득 밝게 웃으며 말하기를 '내가 알겠다. 내가 알겠다.'라고 하였다.(王公曰 獅子齩人韓𤟃逐塊 米師竊聞此語 卽省前謬 遽出朗笑曰 我會也我會也. 『景德傳燈錄』卷第一一, 大正藏 卷第五一, 二八六上)

45 이상 ⑤~⑧ 네 구절은 닦고 증득할 것이 있다고 보는 손가락 입장에서 하는 질문에 대하여 닦고 증득할 것이 없는 살활殺活 자유자재한 달 입장에서 한 대답이다.

고봉선사께서 불자拂子를 세우고[46] 대중에게 일렀다. "이것이 선불장選佛場이며 마음이 비어 급제하여 돌아가는 것이다. 영리한 사람이 만약 이 속에서 보았다면 곧 방거사龐居士[47]의 안심입명처安心立命處[48]를 볼 것이다. 이미 방거사의 안심입명처를 보았다면 곧 부처와 조사의 안심입명처를 볼 것이다. 이미 부처와 조사의 안심입명처를 보았다면 곧 자기의 안심입명처를 볼 것이다. 이미 자기의 안심입명처를 보았다면 여기서 주장자拄杖子를 꺾어버리고 발낭鉢囊을 높이 걸어 놓고[49] 세 가닥 서까래 아래와 칠 척의 단전[50]에서 쌀 없는 밥을 먹고 물 없는 국을 마시며 다리 뻗고 잠을 자서 소요逍遙하며 날을 보내는 것[51]이 방해妨害되지 않을 것이다.

師乃竪拂하시고 召大衆云此是選佛場이며 心空及第歸니 伶俐漢이 若

46 불자拂子는 인도 스님들이 파리나 모기를 쫓는 데 사용하던 물건이었다. 여기서 불자를 세운 것은 말의 길이 끊어지고 생각의 길이 사라진 순간에 바로 깨닫게 한 최고의 법문이다.

47 중국 당나라 숙종, 대종 때 세속에 살면서 마조도일馬祖道一스님의 법을 이은 거사다.

48 숙명宿命도 운명運命도 아닌 역순逆順 경계境界에 자유자재自由自在한 삶을 말한다.

49 한 번 견성見性한 후에는 더 이상 법을 찾는 일〔求法行脚〕을 따로 할 필요가 없음을 말한다.

50 선실禪室에서 한 사람이 앉는 공간(가로 석 자, 세로 일곱 자의 넓이)의 크기를 말한다.

51 주객主客이 하나된 자리에서 밥과 국을 먹고 일상에 자유자재自由自在하는 평상심平常心의 삶을 말한다.

向者裏하야 見得하면 便見龐居士의 安身立命處니라 旣見龐居士의 安身立命處인댄 便見從上佛祖의 安身立命處요 旣見佛祖의 安身立命處인댄 便見自己의 安身立命處요 旣見自己의 安身立命處인댄 不妨向者裏하야 拗折拄杖하고 高掛鉢囊하고 三條椽下와 七尺單前에 咬無米飯하며 飮不濕羹하고 伸脚打眠하야 逍遙度日하리라

만약 종과 신랑도 구별하지 못하고 콩과 보리도 분간하지 못한다면 부득이 구름[52]을 누르고 허공을 향해 화두[53] 하나를 써서 모든 사람들로 하여금 모양에 따라 고양이를 그려가게 하겠다."[54]

내〔山僧〕가 지난해 쌍경사雙徑寺[55]에 있다가 선당禪堂에 돌아온 지 한 달이 안 되었는데 홀연히 잠자는 중에 '만법萬法이 하나로 돌아가니 하나는 어디로 돌아가는가?'라는 화두에 의심이 일어났다. 이때부터 의정疑情이 갑자기 발현되어 잠자는 것과 밥 먹는 것도 잊고, 동서의 방향과 밤낮의 시간도 분간하지 못했다. 자리에 앉아 바루 펴는 것과 변을 보는 일과 한 번 움직이고 한 번 고요하며, 한 번 말하고 한 번 침묵하는 일에 이르기까지 모두 다만 '이 하나는 어디로 돌아가는가?'라는 의심뿐이었다. 다시는 조금도 다른 생각이

---

52 분별망상分別妄想의 구름이다.

53 일본상대인一本上大人은 인간의 표본이 되었던 공자孔子를 말하나, 여기서는 성성적적惺惺寂寂의 화두話頭를 비유적으로 나타낸 것이다.

54 불자를 들어 보인 곳에서 순간 깨침을 못한 둔한 사람들이 부득이해서 화두를 참구하여 은산철벽銀山鐵壁을 투과하는 공부 방법을 말한다.

55 고봉선사가 처음 깨달음을 얻은 절 이름이다.

없었으며 또한 조금이라도 다른 생각을 일으키려 해도 끝내 그렇게 할 수 없는 것이 마치 못을 박고 아교풀로 붙여서 흔들어도 움직이지 않는 것과 같았다. 비록 사람들이 빽빽한 넓은 곳에 있더라도 마치 한 사람도 없는 것과 같았다. 아침부터 저녁까지 저녁부터 아침까지 맑고 맑으며 우뚝하고 높으며 순수하고 깨끗해서 작은 오염도 끊어져서 한 생각이 만 년을 가듯 지속되었다. 경계가 고요해지고 내〔我〕가 잊혀져서 어리석은 사람과 같았다.[56] 알지 못하는 사이에 육일六日이 지나 대중을 따라 삼탑사三塔寺에 갔을 때 독경讀經을 하다가 머리를 들어 오조법연화상五祖法演和尙의 진영眞影을 보고 문득 그 전에 앙산 노화상仰山 老和尙이 일러준 '시체를 끌고 다니는 이놈이 누구인가?'라는 화두가 타파됐다. 바로 허공이 부서지고 대지가 무너져서 물아物我를 모두 잊은 것이 거울이 거울을 비추는 것과 같았다.[57] 백장의 들 여우[58]와 개의 불성[59], 청주의 베적삼[60]과 여자가 정定에서 나왔

---

56 성성적적惺惺寂寂하여 은산철벽銀山鐵壁된 경계를 말한다.

57 대기원응大機圓應을 말하는데 물건이 비치기 전 거울 자체〔大機〕와 거울의 비추는 성격〔圓應〕에 비유할 수 있다. 이와 상대되는 표현이 대용직절大用直截이다. 대용직절은 거울이 흰 것은 흰 것, 검은 것은 검은 것대로 조금도 어긋나지 않게 비추면서도 흔적을 남기지 않는 것을 뜻한다.

58 백장百丈스님의 '떨어지지 않는다〔不落〕'와 '어둡지 않다〔不昧〕'는 화두〔不落不昧話〕이다. "노인이 말하기를, 나는 사람이 아닙니다. 과거 가섭 부처 시절에 마침 이 산에 살았습니다. 어떤 학인學人으로부터 '크게 수행한 사람도 도리어 인과因果에 떨어집니까?'라는 질문을 받았습니다. 저는 '인과에 떨어지지 않는다.'고 대답하여 5백 생애 동안 여우 몸으로 살게 되었습니다. 지금 청을 드리건대 '스님께서는 귀한 가르침을 주셔서 여우 몸을 벗어나게 해 주십시오.'라고 했다. 드디어 그 노인이 '크게 수행한 사람도 도리어 인과에 떨어집니까?'라고

다[61]는 등의 모든 화두話頭를 처음부터 세밀하게 점검해 보니 분명하지 않은 것이 없었다. 지혜의 오묘한 작용이 진실로 속임이 없었다.

若是奴郎不辨하며 菽麥不分인댄 抑不得已하야 按下雲頭하고 向虛空裏하여 書一本上大人하야 教諸人으로 依樣畵猫兒去也리라

질문했다. 백장스님이 '인과因果에 어둡지 않다〔不昧〕.'고 대답하니, 그 노인이 그 말을 듣고 바로 크게 깨달았다.(老人云 諾某甲非人也 於過去迦葉佛時 曾住此山因學人問 大修行底人還落因果也無 某甲對云 不落因果 五百生墮野狐身 今請和尙代一轉語貴 脫野狐 遂問大修行底人還落因果也無 師(百丈和尙)云 不昧因果 老人言下大悟. 『無門關』, 大正藏 卷第四八 二九三上~中)

59 조주스님은 '개도 불성이 있습니까?'라는 어떤 스님의 질문에 '없다.'고 대답했다.(趙州和尙因僧問 狗子還有佛性也無 州云無. 『無門關』, 大正藏 卷第四八 二九二下)

60 '만법萬法이 하나로 돌아가니 하나는 어디로 가는가?'라는 물음에 조주스님이 '청주에서 적삼 한 벌을 만들었는데 무게가 일곱 근이었다.'고 한 화두를 말한다.(師曰 老僧在青州 作得一領布衫 重七斤. 『五燈會元』 卷第四, 卍續藏經 卷第一三八, 一三二上)

61 세존世尊이 옛날 문수보살文殊菩薩 때문에 여러 부처가 모인 곳에 갔다. … 오직 한 여인이 부처님 옆에서 삼매三昧에 들어 있었다. … 부처님께서 문수보살에게 말씀하시기를 '너는 다만 이 여인을 삼매에서 깨어나게 하여 너 스스로 물어봐라.' 문수보살이 여인을 세 바퀴 돌고 손가락을 한 번 퉁겼고 범천은 그 신통한 힘을 다했으나 삼매에서 나오게 하지 못했다. … 망명보살罔明菩薩은 이 여인을 선정에서 나오게 할 수 있었다.(世尊昔因文殊至諸佛集處 … 惟有一女人近彼佛坐入於三昧 … 佛告文殊 汝但覺此女 令從三昧起 汝自問之 文殊遶女人三匝鳴指一下 乃托至梵天 盡其神力而不能出 … 有罔明菩薩 能出此女人定. 『無門關』, 大正藏 卷第四八 二九八上~中). 이것은 이의離意라는 여인이 부처님 곁에서 삼매에 들었있는네 문수보살도 그 여인을 삼매에서 깨우지 못했으나 오히려 초지보살初地菩薩인 망명罔明이 이 여인을 선정에서 나오게 했다는 공안이다.

山僧이 昔年에 在雙徑이라가 歸堂未及一月하야 忽於睡中에 疑着萬法歸一一歸何處하니 自此로 疑情이 頓發하야 廢寢忘餐하며 東西不辨하고 晝夜不分하야 開單展鉢과 屙屎放尿와 至於一動一靜一語一默이 總只是箇一歸何處오 更無絲毫異念이며 亦要起絲毫異念이라도 了不可得호미 正如釘釘膠粘하야 撼搖不動이라 雖在稠人廣座中이라도 如無一人相似러라. 從朝至暮하며 從暮至朝히 澄澄湛湛하며 卓卓巍巍하야 純淸絶點하고 一念萬年이라 境寂人忘에 如痴如兀터니 不覺至第六日하야 隨衆在三塔할새 諷經次에 擡頭하야 忽覩五祖演和尙眞하고 驀然觸發日前仰山老和尙의 問拖死屍句子호니 直得虛空이 粉碎하고 大地平沈하야 物我俱忘이 如鏡照鏡이라 百丈野狐와 狗子佛性과 淸州布衫과 女子出定話를 從頭密擧驗之호니 無不了了라 般若妙用이 信不誣矣러라

그 전에 무자無字를 의심할 때에는 삼 년 동안 하루 두 번 죽 먹고 밥 먹는 시간을 제외하고는 자리에 앉지 않고 피곤할 때에도 기대지 않고 밤낮 동쪽 서쪽으로 다니며 움직였다. 그러나 언제나 혼침昏沈과 산란散亂의 두 마군魔軍과 한 덩어리가 되어 힘을 다해도 물리치지 못했다. 이 무자無字 화두를 공부할 때에는 끝내 밥을 먹는 잠깐 사이에도 힘을 덜고 일념을 이루지 못했다. 스스로 해결한[62] 뒤에 그 병의 원인을 찾아보니〔窮究〕 다른 이유가 없었고 다만

62 깨달음을 뜻한다.

의정疑情 위에서 공부하지 않았다. 화두를 한결같이 다만 들려고 했는데, 들 때에는 곧 있고 들지 않을 때에는 문득 없었다. 의심을 일으키려 해도 또한 손을 쓸 수가 없었다. 설령 손을 써서 의심을 얻더라도 다만 잠깐이고 또 혼침과 산란의 양극단에 빠짐을 면하지 못하였다. 여기에서 공연히 허다한 세월만 허비하고 고생만 했지 조금도 진취進趣가 없었다.

前所看無字는 將及三載히 除二時粥飯하고 不曾上蒲團하야 困時에도 亦不倚靠하며 雖則晝夜에 東行西行이나 常與昏散二魔로 輥作一團하야 做盡伎倆이라도 打屛不去라 於者無字上에 竟不曾有一餉間이나 省力成片이러니 自決之後에 鞠其病源호니 別無他故요 只爲不在疑情上하야 做工夫라 一味只是擧호대 擧時엔 則有하고 不擧엔 便無하며 設要起疑라도 亦無下手處하며 設使下得手疑得去라도 只頃刻間이요 又未免被昏散의 打作兩橛하야 於是에 空費許多光陰하며 空喫許多生受호대 略無些子進趣일러니라

일귀하처一歸何處 화두는 무자無字 화두와 같지 않았다. 의정이 쉽게 일어나 한 번 들면 곧 있어, 반복하여 사유하고 계교하고 생각함을 기다리지 않더라도 곧 의정이 일어나 점점 한 덩어리가 됐다. 곧 인위적人爲的으로 하는 마음이 없었으며, 이미 인위적으로 하는 마음이 없어서 생각하는 것도 곧 잊었고 온갖 인연이 쉬고자 아니해도 저절로 쉬어졌다. 여섯 창문[63]이 고요하고자 아니해도 저절로 고요해

져서 아주 조금도 힘을 쓰지 않아도 바로 무심삼매無心三昧에 들어갔다. 갑자기 죽 먹고 밥 먹는 자리를 만나 반드시[64] 발우 가의 수저를 잡아도 옹기 가운데 자라 달아날 것을 두려워하지 아니하였다.[65] 이것은 이미 경험한 방법이다. 결코 서로 속이지 않는다. (내가) 만약 한 마디라도 여러 사람을 속이는 것이 있다면 영원히 혀를 뽑아 밭을 가는 지옥에 떨어지기를 자초自招할 것이다.

지금 반야를 배우는 보살이 이 일대사一大事를 기필코 밝히고자 하여 산이 높고 물이 넓은 것을 꺼리지 않고 일부러 찾아와서 나를 만났다. 하물며 각기 손가락을 태우고 향을 사르며, 계율을 세우고 원을 세우며, 앞니를 갈고 어금니를 갈며 철석같은 의지를 갖추었음에랴?

一歸何處는 却與無字로 不同하고 且是疑情이 易發하야 一擧便有하고 不待返覆思惟計較作意라도 纔有疑情이면 稍稍成片하야 便無能爲之心하며 旣無能爲之心이라 所思卽忘하야 致使萬緣으로 不息而自息하며 六窓으로 不靜而自靜하야 不犯纖塵하고 頓入無心三昧호라 忽遇喫粥喫飯處하야 管取向鉢盂邊하야 摸着匙筯에도 不怕甕中走却鼈이니 此是已驗之方이라 決不相賺이니라 如有一句라도 誑惑諸人이면 自

63 육근六根과 육식六識을 말한다.

64 '관管'은 '가말다'라는 말로 '일을 맡아 잘 헤아려 처리한다'는 뜻인데 이 책에서는 문맥적 의미에 따라 '반드시'로 해석한다.

65 밥을 먹을 때에도 화두話頭가 도망가지 않는다는 말이다.

招永墮拔舌犁耕하리라

現前學般若菩薩이 必要明此一段大事하야 不憚山高水濶하고 得得來見西峰이온 況兼 各各燃指燃香하야 立戒立願하며 礪齒磨牙하야 辦鐵石志아

이미 이러한 지조와 지략이 있고 이와 같은 지견이 있다면 간절히 자기의 초심을 저버리지 말며, 부모가 너를 보내서 출가시킨 마음을 저버리지 말며, 새로 절을 지어 준 시주의 신심을 저버리지 말며, 국왕과 대신들이 밖에서 보호해 주는 마음을 저버리지 말라. 바로 큰 신심을 갖추며, 바로 변하지도 말며, 바로 만 길 낭떠러지에서 있는 것과 같이 하며, 바로 표본에 의거하여 고양이를 그려 가는데, 그려 오고 그려 가서 귀를 그리고 무늬를 넣는 것과 마음 길이 끊어진 곳과 인법人法[66]이 함께 사라지는 곳에 다다르면 붓끝에서 살아 있는 고양이가 갑자기 뛰어 나올 것이다. "와!"[67] 하는 순간에 원래 모든 대지가 선불장이 되며 모든 대지가 자기가 될 것이다. 이 속에 이르러서는 무슨 방거사를 말하겠는가? 다만 삼승 십지三乘十地의 경지를 얻었더라도 간담이 서늘하고 혼이 놀라며 달마와 부처도 몸을 용납할 자리가 없을 것이다.

그러하기가 비록 이와 같으나 인천人天의 안목을 열어 부처와

66 주관과 객관을 말한다.

67 숨바꼭질하는 아이들이 갑자기 서로 마주쳤을 때 내지르는 소리로서 견성성불見性成佛하는 순간을 비유한 말이다.

조사의 지극한 가르침을 실천하고자 한다면 다시 반드시 자기와 선불장을 녹여서 한 덩어리를 만들어 백 천 만억의 세계 밖에 날려 버리고, 몸을 되돌려 걸음을 옮겨[68] 위음불威音佛의 저쪽 편과 다시 저쪽 편을 향하여 한 바퀴를 돌아 와도 도리어 나의 아픈 방망이를 맞을 것이다.[69] 대중아, 이미 이와 같이 자기조차도 날렸으니 또 어디에 방망이를 맞겠는가? 갑자기 생명生命을 돌보지 않는 사람이 있어 이렇게 말하는 것을 듣고 나와서 선상을 뒤집어엎고 대중을 소리쳐 흩어 버리더라도[70] 이것이 참으로 옳기는 옳으나 그래도 서봉西峰의 사자암獅子巖은 머리를 끄덕여 긍정하지 않겠다.

既有如是操略과 如是知見인댄 切須莫負自己初心하며 莫負父母捨汝出家心하며 莫負新建僧堂檀信心하며 莫負國王大臣外護心하고 直下具大信去하며 直下無變異去하며 直下壁立萬仞去하며 直下依樣畵猫兒去하야 畵來畵去에 畵到結角羅紋處와 心識路絶處와 人法俱忘處하면 筆端下에 驀然突出箇活猫兒來하리라 因 | 元來盡大地 | 是箇選佛場이며 盡大地是箇自己리니 到者裏하야는 說甚龐居士리요 直饒三乘十地라도 膽喪魂驚하며 碧眼黃頭라도 容身無地하리라 然雖如是나 若要開鑿人天眼目하야 發揚佛祖宗猷인댄 更須將自己與選佛場하야 鎔作一團하야 颺在百千萬億世界之外하고 轉身移步하

68 한 덩어리조차 없애버린 데서 다시 살아난다는 말이다.

69 무한히 부정否定하고 향상向上하여 자유자재自由自在함을 말한다.

70 조사가 중생을 교화하는 일체의 향하구向下句를 부정하는 것이다.

야 向威音那邊更那邊하야 打一遭라도 却來喫西峰痛棒하리니 大衆아 旣是和自己颺了어니 又將甚麽하야 喫棒고 忽有箇不顧性命底漢者ㅣ聞恁麽擧하고 出來하야 掀倒禪床하고 喝散大衆이라도 是則固是나 要且西峰獅子巖은 未肯點頭在리라

【요지】

철저히 본분사本分事 입장에서 유정무정有情無情이 본래 깨달아 완성되어 자유자재自由自在하고 있음을 말했다. 먼저 불자拂子를 들어 최상근기의 순간 깨침을 보였으나 다시 깨닫지 못한 둔한 사람을 위해서 부득이 참구參究하여 깨닫는 방법을 고봉선사 본인의 수행修行과 오도悟道의 경험을 예로 들어 말했다. 또한 끝 부분에서 향하구向下句를 자유자재하게 쓰고 부정하여 향상구向上句를 보였다.

2. 대중에게 보임

삼세三世의 여러 부처님과 역대 조사祖師께서 머물러 내려주신 한마디 말과 반 구절의 글귀〔一言半句〕는 오직 중생이 삼계三界를 초월하여 생사의 흐름을 끊을 수 있도록 일러주신 것이다. 그래서 사람들은 일대사인연一大事因緣을 위하여 부처님과 조사께서 이 세상에 출현하셨다[71]고 말한다. 만약 이 일대사를 논의한다면 달리는 말

---

71 사리불이 이르기를, 어찌하여 모든 부처님께서 오직 일대사인연을 위하여 세상에 출현했다고 하는가? 모든 부처님께서는 중생들로 하여금 부처님의 지견을 가지며 깨끗함을 얻게 하려고 세상에 출현하셨다. 중생들에게 부처님의 지견을 보이고자 세상에 출현하셨다. … 그래서 모든 부처님께서는 일대사인연 때문에 세상에 출현하셨다고 했다.(舍利弗云何名諸佛世尊唯以一大事因緣故出現於世 諸佛世尊 欲令衆生開佛知見使得淸淨 故出現於世 欲示衆生佛之知見 故出現於世 … 舍利弗 是爲諸佛以一大事因緣 故出現於世.『妙法蓮華經』卷第一, 大正藏 卷第九 七上)

앞에서 서로 싸우고 또 번개 불빛 아래서 바늘귀를 꿰는 것과 같아서 네가 생각해서 알음알이로 알 수 없으며 따져서 분간할 수 없다. 그러므로 말하기를 "이 법法은 생각하고 따져서 알 수 있는 것이 아니다."라고 했다. 이 때문에 세존께서 영산회상靈山會上에서 마지막 법문에 나아가셔서 삼백육십 골절과 팔만사천 털구멍을 밑바닥까지 다 뒤집어 보여주셨다. 비록 백만 대중이 둘러앉아 있었으나 깨달은 사람은 오직 가섭迦葉[72] 한 사람뿐이었다. 진실로 이 일은 결단코 소홀히 할 수 없다는 것을 알아야 한다.

示衆 其二

三世諸佛과 歷代祖師의 留下이신 一言半句라도 惟務衆生이 超越三界하야 斷生死流니 故로 云爲一大事因緣하야 出現於世라하시니라 若論此一大事인댄 如馬前相撲하며 又如電光影裡에 穿針相似하야 無你思量解會處하며 無你計較分別處라 所以로 道하대 此法은 非思量分別之所能解라하시니라 是故로 世尊이 於靈山會上에 臨末梢頭하사 將三百六十骨節과 八萬四千毛竅하야 盡底掀翻하시니 雖有百萬衆이 圍繞나 承當者는 惟迦葉一人而已라 信知此事는 決非草草로다

만약 확실〔的實〕하고 밝게 깨달으려면〔證得〕 모름지기 특별히 뛰어난 마음을 열고 대장부의 뜻을 발휘해야 한다. 그 전의 나쁜

72 석가모니 부처님의 대표적 10대 제자 가운데 한 사람인 두타제일(頭陀第一, 수행을 가장 잘하는 사람)의 마하가섭摩訶迦葉을 말한다.

지식과 견해, 기이한 말과 교묘한 글귀, 선도禪道와 불법佛法, 평생 동안 눈으로 본 것, 귀로 들은 것을 가지고 위급함과 죽음〔危亡〕, 얻음과 잃음〔得失〕, 나와 남〔人我〕, 옳음과 그름〔是非〕, 도달함과 도달하지 못함〔到不到〕, 투철함과 투철하지 못함〔徹不徹〕을 돌아보지 말고, 큰 분심忿心을 발휘하여 금강으로 된 날카로운 칼을 휘둘러 한 묶음의 실을 끊을 때 단칼에 일체를 끊어서 한 번 끊은 뒤에는 다시 서로 이어지지〔相續〕 아니하는 것과 같이 해야 한다. 곧 마음속이 텅 비어 시원하며 확 트여 넓어서[73] 실낱만큼도 걸리고 막힘이 없어서 다시는 한 가지도 정식情識에 걸림 없음이 갓난아이와 다르지 않게 된다. 차를 마셔도 차 마시는 줄을 알지 못하며 밥을 먹어도 밥 먹는 줄을 알지 못하며 가도 가는 줄을 알지 못하며 앉아도 앉은 줄을 알지 못한다. 정식이 순식간에 깨끗해지고, 헤아리고 비교하는 것〔計較〕이 모두 사라짐이 흡사 숨 붙은 죽은 사람과 같으며, 또 흙으로 빚은 소상塑像과 다듬어 만든 나뭇조각과 같아질 것이다.[74]

若要的實明證인댄 須開特達懷하며 發丈夫志하야 將從前惡知惡解와 奇言妙句와 禪道佛法과 盡平生인 眼裡所見底와 耳裡所聞底와 莫顧

---

73 안진호安震湖의 『현토주해 선요懸吐註解 禪要』(법륜사) 주석에서 '공노노지는 혼침, 허활활지는 산란이다.(空勞勞地昏沈 虛豁豁地散亂)'라고 한 것은 잘못이다. 이 두 가지 표현은 주객主客이 벌어진 분별 망상심分別妄想心이 끊어지고 그 끊어진 상태가 지속되는 화두삼매話頭三昧를 나타낸 것이다.(이하 안진호의 주석은 같은 책의 내용이기 때문에 책 이름 『懸吐註解 禪要』는 생략한다.)

74 삼매가 성취된 은산철벽을 말한다.

危亡得失과 人我是非와 到與不到와 徹與不徹하고 發大忿怒하며 奮金剛利刀하야 如斬一握絲에 一斬一切斷호대 一斷之後에 更不相續하니라 直得胸次中에 空勞勞地하며 虛豁豁地하야 蕩蕩然無絲毫許滯碍하야 更無一法可當情호미 與初生으로 無異하야 喫茶不知茶하며 喫飯不知飯하고 行不知行하며 坐不知坐하야 情識이 頓淨하고 計較都忘호미 恰如箇有氣底死人相似하며 又如泥塑木雕底相似하리라

여기에 이르러서는 문득 다리와 손이 미끄러져서[75] 지혜의 빛이 문득 나와 시방세계를 환하게 비추는 것은 밝은 해가 하늘에 떠오른 것과 같으며, 또 밝은 거울이 받침대에 놓인 것과 같아서 한 생각도 어긋나지 않고[76] 문득 정각正覺을 이룬다. 오직 이 일대사一大事를 밝힐 뿐만 아니라 위로 부처님과 조사의 일체 차별 인연을 처음부터 끝까지 다 알게 된다. 불법佛法과 세법世法이 하나가 되어 자유자재하여 움직임에 맡기며〔騰騰任運〕, 움직임에 맡겨 자유자재하며〔任運騰騰〕[77], 깨끗하고 깨끗하며, 정결하고 정결해서 함이 없고 일이 없는, 격식을 뛰어넘은 참다운 도인이 될 것이다. 이렇게 한 번 세상을 벗어나야 마침내 평생 동안 수행〔參究〕하고 배운 뜻과 소원을 저버리지 않았다고 말하겠다.

---

75 은산철벽銀山鐵壁을 투과透過하는 것이다.

76 대기원응大機圓應이 된 것이다.

77 소극적으로는 있는 그대로 적응하여 자유자재自由自在하는가 하면, 적극적으로는 제도와 환경을 불법佛法에 맞게 바꾸어 나가면서 자유자재하게 생활한다.

만약에 이 생각[78]이 가볍고 미미하여 뜻이 맹렬하고 날카롭지 않으며 삽살개처럼 어지러우며〔散亂〕 귀신처럼 어두움에 빠져〔昏沈〕 오늘도 이러하고 내일도 이러하게 지나가면 설사 20년, 30년 동안 공功을 들이더라도 물이 돌을 적시는 것과 같아진다.[79] 어느덧 죽는 날에 이르러서는 열 가운데 다섯 쌍이 부끄럽게 떠나가서 늦게 공부를 시작하는 사람〔晩學〕과 처음 공부를 시작하는 사람〔初機〕으로 하여금 공경하고 사모하는 마음을 내지 못하게 할 것이다. 이와 같은 놈들이 나〔高峰〕의 문하에 온다면 만 명 천 명을 때려죽인들 무슨 죄가 있겠는가?

到者裏하야는 驀然脚蹉手跌하야 心華頓發에 洞照十方호미 如杲日이 麗天하며 又如明鏡이 當臺하야 不越一念하고 頓成正覺하리라 非惟明此一大事라 從上若佛若祖의 一切差別因緣을 悉皆透頂透底하며 佛法世法을 打成一片하야 騰騰任運하며 任運騰騰하며 灑灑落落하며 乾乾淨淨하야 做一箇無事出格眞道人也리니 恁麽出世一番하야사 方曰不負平生叅學之志願耳이리라

若是此念이 輕微하며 志不猛利하야 猥猥㹭㹭 魍魍魎魎하야 今日也恁麽하며 明日也恁麽인댄 設使三十年二十年 用工이라도 一如水浸石頭相似하야 間間逗到臘月三十日하야는 十箇有五雙이 懡㦬而去하야 致令晩學初機로 不生敬慕하리니 似者般底漢이 到高峰門下하며 打殺萬

78 공부하려는 마음을 말한다.

79 돌은 물에 오래 잠겨 있어도 속까지 젖지 아니한다.

萬千千인달 有甚麼罪過리요

오늘 우리 대중들은 다 뛰어난 매와 재빠른 새매, 용과 범 같지 않은 사람이 없다. 한 가지를 말해 주면 셋을 알며, 눈으로는 미세한 무게를 알아내는 사람들이 어찌 이러한 모양으로 우두커니 세월만 보내겠는가? 그러하기가 비록 이와 같지만 꼭 이러한 때에 마침내 무엇을 일대사一大事라 말하겠는가? 만약 말해 맞추더라도 주장자로 너를 서른 번 때리고 만약 말하지 못하더라도 또한 주장자로 서른 번 때리겠다. 이것이 무슨 이유인가? (주장자를 높이 들었다가 한 번 내려치며 말하되) 나〔高峰〕의 문하에는 상벌賞罰[80]이 분명하다.

今日我之一衆은 莫不皆是俊鷹快鷂며 如龍若虎라 擧一明三이며 目機銖兩이리니 豈肯作者般體態하야 兀兀度時리요 然雖如是나 正恁麼時에 畢竟喚甚麼하야 作一大事오 若也道得이라도 與汝三十拄杖하고 若道不得이라도 亦與三十拄杖하리라 何故오 卓拄杖一下云 高峰門下에 賞罰이 分明하니라

나는 이것[81]을 빌려온 이래 24년 동안 항상 병이 있어 의원을 찾고 약을 복용한다고 온갖 고난을 다 겪었다. 어찌 병이 고황膏肓[82]에

80 세속적 의미의 상벌이 아니라 살활殺活을 말한다.

81 오온五蘊이다.

82 심장과 횡격막 사이의 부분이다. 여기에 생긴 병은 침이나 약으로 고치지

들어가 약으로 치료할 수 없다는 것을 알았겠는가? 그 뒤에 쌍경사雙徑寺에 갔다가 꿈속에 단교화상斷橋和尙이 주신 약[83]을 먹고 6일째에 기약 없이 앙산仰山 노화상老和尙께로부터 맞은 독약이 촉발되니[84] 곧 혼백이 날고 흩어져 끊어진 뒤에 다시 소생했다.[85] 당시에 몸〔四大〕이 가볍고 편안하기는 120근의 짐을 내려놓은 것과 같음을 문득 알았다.

予假此來로 二十四年을 常在病中하야 求醫服藥에 歷盡萬般艱苦호니 爭知病在膏肓에 無藥可療리요 後至雙徑이라가 夢中에 服斷橋和尙所授之丹하고 至第六日하야 不期觸發仰山老和尙의 所中之毒호니 直得魂飛魄散하야 絶後再蘇라 當時에 便覺四大輕安호미 如放下百二十斤一條擔子相似일러니라

이제 이 약을 대중에게 널리 보시하니 그대들이 이것을 복용하려면 먼저 육정육식六情六識과 사대오온四大五蘊, 산하대지山河大地와 삼라만상森羅萬象을 모두 다 녹여 하나의 의심덩어리를 만들어 이것을 문득 눈앞에 있게 해야 한다. (그렇게 하면) 창과 깃발을 빌리지

못하는데, 전부터 내려오는 고치기 어려운 오류誤謬를 뜻한다.

83 '만법이 하나로 돌아가니 하나는 어디로 돌아가는가?(萬法歸一 一歸何處)'라는 화두를 말한다.

84 '누가 죽은 시체를 끌고 다니는가?(阿誰拖死屍)'라는 화두를 깨달았다.

85 은산철벽銀山鐵壁을 꿰뚫는〔透過〕 것, 크게 죽었다가 다시 살아나는 것〔大死却活〕을 말한다.

않더라도[86] 고요함이 문득 평화로운 세계와 같게 될 것이다. 이와 같이 가도 다만 이 의심 덩어리이고 앉아도 다만 이 의심 덩어리이며 옷을 입고 밥을 먹어도 다만 이 의심 덩어리이며 대변을 보고 소변을 보아도 다만 이 의심 덩어리여서 보고 듣고 지각하고 아는 것에 이르기까지 모두 다만 이 의심 덩어리일 뿐이다. 의심해 오고 의심해 가서 의심이 힘이 덜 드는 데 이르게 되면 문득 이것이 힘을 얻은 곳이다. 의심하지 않아도 의심이 저절로 되며 화두를 들지 않아도 저절로 들려서 아침부터 저녁까지 의심이 지속되어 한 덩어리를 이루면 조금도 간단間斷이 없어서 흔들어도 움직이지 않고 쫓아도 또한 도망가지 않는다. 밝고 신령하여 항상 앞에 나타나는 것이 물의 흐름을 따르는 배와 같아서 완전히 손을 쓸 일이 없게 된다. 다만 이때가 힘을 얻은 시절이다.

今將此丹하야 布施大衆하노니 汝等服之인댄 先將六情六識과 四大五蘊과 山河大地와 萬象森羅하야 摠鎔作一箇疑斷하야 頓在目前하면 不假一鎗一旗라도 靜悄悄地便似箇淸平世界하리라 如是하야 行也에도 只是箇疑團이며 坐也에도 只是箇疑團이며 着衣喫飯也에도 只是箇疑團이며 屙屎放尿也에도 只是箇疑團이며 以至見聞覺知히 摠只是箇疑團이라 疑來疑去에 疑至省力處하면 便是得力處니 不疑自發하며 不擧自擧하야 從朝至暮히 粘頭綴尾하야 打成一片호대 無絲毫縫罅히

86 닦아서 깨닫는 것〔修證〕을 빌리지〔假藉〕 않는다는 말이다.

야 撼亦不動하고 趂亦不去하며 昭昭靈靈하야 常現在前호미 如順水流舟하야 全不犯手하리라 只此便是得力底時節也니라

다시 모름지기 그 지속되는 생각[87]을 정성스럽게 하여 삼가 두 마음이 없다. 점차 지혜의 빛을 갈고 (욕망을) 도태淘汰시켜 현묘玄妙한 이치를 궁구窮究하고 심오深奧한 원리를 다하여 지극히 미세한 데에 나아간다. 한 털끝 위[88]에서 몸이 편안하여 외롭고 멀며 우뚝하고 높아서 움직이지도 아니하고 흔들리지도 아니하고 옴이 없고 감이 없다. 한 생각도 일어나지 않고 앞뒤가 끊어지면 이로부터 번뇌가 순식간에 쉬어지고 혼침昏沈과 산란散亂이 끊어져서 가도 가는 줄을 모르며 앉아도 앉는 줄을 모르며 추워도 추운 줄을 모르고 더워도 더운 줄을 모르며 차를 마셔도 차 마시는 줄을 모르고 밥을 먹어도 밥 먹는 줄을 몰라서 종일 어리석은 것이 마치 진흙 소상塑像과 나뭇조각과 같을 것이다. 그러므로 (이것을) 장벽牆壁[89]과 다름이 없다고 말한다.

이러한 경계가 나타나면〔現前〕 집에 이르는 소식이라 결정코 본지本地에서 멀리 떨어지지 않았다. 잡아 얽으며 모아 붙여 다만 때를 기다릴 뿐이다. 또 도리어 이렇게 말하는 것을 보고 한 생각〔一念〕이

87 의단疑團이 간단없이 지속되는 현상을 말한다.

88 유무有無와 같은 양극단兩極端을 초월한 은산철벽銀山鐵壁 자리를 말한다.

89 "밖으로 모든 인연을 쉬고 안으로 마음에 헐떡거림이 없게 하라. 마음이 장벽과 같으면 도에 들어갈 수 있다.(外息諸緣 內心無喘 心如牆壁 可以入道)"에서 말하는 장벽牆壁이다.

라도 정진하려는 마음을 일으켜 구求하지 말며 또 도리어 마음을 가지고 기다리지 말라. 또 도리어 한 생각도 놓으려 하지 말며 또한 도리어 한 생각도 버리려 하지 말라. 다만 모름지기 지속되는 생각을 굳게 지켜서 깨달음을 목표〔法則〕로 삼아야 한다.

更須殼其正念하야 愼無二心하며 展轉磨光하고 展轉淘汰하야 窮玄盡奧하고 至極至微하야 向一毫頭上安身하야 孤孤迴迴 卓卓巍巍하야 不動不搖하고 無來無去하며 一念不生하야 前後際斷하면 從玆로 塵勞頓息하고 昏散이 勦除하야 行亦不知行하고 坐亦不知坐하며 寒亦不知寒하고 熱亦不知熱하며 喫茶不知茶하고 喫飯不知飯하야 終日獃惷惷地恰似箇泥塑木雕底하리니 故로 謂墻壁無殊라하니라
纔有者境界現前하면 則是到家之消息也라 決定去地不遠也니 把得搆也하며 撮得着也하야 只待時刻而已라 又却不得見恁麽說하고 起一念正眞心求之하며 又却不得將心待之하며 又却不得要一念縱之하며 又却不得要一念棄之하고 直須堅凝正念하야 以悟爲則이어다

이때가 되면 팔만사천 마군魔軍이 너의 육근六根 문 앞에서 일체 기이奇異하고 수승殊勝하며 선善하고 악惡한 경험經驗의 일들을 엿보고 기다렸다가 네 마음을 따라 베풀며 네 마음을 따라 일으키며 네 마음을 따라 얻으며 네 마음을 따라 나타내서 무릇 하고자 하는 것을 이루지 않음이 없게 된다. 네가 만약 조금만 차별差別하는 마음〔心〕을 일으키며, 조금만 망상하는 마음〔妄念〕을 내면 곧 저

마군의 집〔圈櫃〕에 떨어지게 된다.[90] 저 마군들이 주인이 되며 곧 (네가) 저들의 명령을 들어서 곧 입으로는 마군의 말을 하며 마음으로는 마군의 행동을 하여 도리어 다른 사람을 그르다고 비방하고 스스로 참된 도라고 자랑할 것이다. 지혜〔般若〕의 바른 인자因子가 이로부터 영원히 없어지며 진리〔菩提〕의 씨앗에 다시 싹이 나지 않아서 영원한 세월〔劫劫生生〕에 항상 마군의 짝이 될 것이다. 이러한 여러 마군의 경계가 다 자기 마음으로부터 일어나며 자기 마음으로부터 생겨나는 것이다. 만약 마음이 일어나지 않으면 어찌 그렇겠는가?

천태天台[91] 스님이 말하기를 "너의 기량은 다함이 있지만 내가 취하지 않음은 다함이 없다."고 하였다. 진실하도다! 이 말이여! 다만 일체의 상황에서 내려놓아 차기가 얼음 같고[92] 편안하며 순수하고 깨끗하며[93] 한 생각이 만 년이 된다. 시신屍身을 지키는 귀신과 같이 지켜 가고 지켜 오다가 의심 덩어리가 홀연히 한 소리를 내며 깨어지면[94] 반드시 하늘을 놀라게 하고 땅을 움직일 것이다. 힘쓰고 힘쓰라!

當此之際하면 有八萬四千魔軍이 在汝六根門頭伺候하고 所有一體奇異殊勝善惡應驗之事를 隨汝心設하며 隨汝心生하며 隨汝心求하며

---

90 권圈은 울타리, 궤櫃는 궤짝으로 울타리와 궤짝에 갇히는 것이다.

91 수隋나라 때 천태지의대사(天台智顗大師, 538-597). 남악혜사(南嶽慧思, 515-577)의 제자로 천태사상을 확립했다.

92 양변을 초월하여 일체 분별심이 끊어진 자리이다.

93 마음이 편안하고 순수하고 깨끗하여 한 티끌의 분별심도 없는 것이다.

94 활연대오豁然大悟를 말한다.

隨汝心現하야 凡有所欲을 無不遂之하리라 汝若瞥起毫釐差別心하며 擬生纖塵妄想念하면 則便墮他圈樻하며 則便被他作主하며 則便聽他指揮하야 便乃口說魔話하며 心行魔行하야 反誹他非하고 自譽眞道하리라 般若正因이 從玆永泯하며 菩提種子不復生芽하야 劫劫生生에 常爲件侶하리라 當知此諸魔境이 皆從自心所起며 自心所生이라 心若不起면 爭如之何리요

天台云汝之伎倆은 有盡이어니와 我之不采는 無窮이라하니 誠哉라 是言也여 但只要一切處에 放敎冷氷氷地去하며 平妥妥地去하며 純淸絶點去하며 一念萬年去호대 如箇守屍鬼子하야 守來守去에 疑團子ㅣ 爀然爆地一聲하면 管取驚天動地하리니 勉之勉之어다

【요지】

먼저 일대사인연一大事因緣의 중요성을 말하고 참선하는 바른 방법을 제시했다. 지난날 양변에서 생각하고 행동했던 악지악각惡知惡覺들이 연기현상이고 실체가 없는 줄 알아, 일상생활 속에 몽땅 내버리고 큰 분심을 일으켜 실참실오實參實悟할 것을 간절히 권했다. 은산철벽銀山鐵壁을 반드시 꿰뚫어 투과〔透過〕해야 언행言行이 일치하는 진정한 깨달음에 도달할 수 있음을 강조했다.

3. 직옹거사 홍신은直翁居士洪新恩에게 보임

종일 함께 둘 아닌 이치를 말하되 일찍이 한 글자도 거론하지 않았다고 했다.[95] 다시 "이 뜻이 무엇인가?"라고 묻는다면 서로 어리석은 자가 됨을 면하지 못할 것이다. 부모는 나와 친하지 않으니 누가 가장 친한 사람인가?[96] 눈먼 거북과 절름발이 자라다. 영리한 사람이 이것을 터득하면 무한한 세계에서 나와 남〔自他〕이 털끝만큼도 간격이 없으며, 시방세계의 고금古今과 시종始終이 이 한 생각을 떠나지 않았음을 곧 보게 될 것이다.[97]

---

95 『유마경維摩經』 '입불이법문품入不二法門品'의 말이다.

96 제8조 불타난제는 가마라국의 사람이다. … 존자가 보고 곧 일어나 예배하고 게송을 말했다. '부모가 나에게 친한 분이 아니라면 누가 최고 친한 사람인가? 모든 부처가 나의 도가 아니라면 누가 최고의 도인가?'(第八祖佛陀難提者 迦摩羅國人也 … 尊者見之遽起禮拜 而說偈曰父母非我親 誰是最親者 諸佛非我道 誰是爲最道者. 『景德傳燈錄』卷第一, 大正藏 卷第五一 二零八下)

혹 그렇지 못하면 기륜機輪[98]을 한 번 굴려〔一轉〕 곧 눈먼 거북과 절름발이 자라에 나아가 정신을 차려 의정을 일으키는 것이 방해되지 않을 것이다. 의심해 가고 의심해 옴에 다만 안과 밖을 한 덩어리로 만들어 종일 조금도 새어나감이 없게 하여 가슴에 가시가 걸린 것이 독약을 맞은 것과 같이 해야 한다. 또 금강 울타리와 밤 가시[99]를 결정코 삼키고자 하며 결정코 뚫고자 하여 다만 평생 기량을 다해서 지어 나가면 자연히 깨달을 것이다.

가령 금생今生에 삼키고 뚫지 못하고 죽을 때에 비록 여러 악취惡趣 속에 떨어지더라도 놀라거나 두려워하지 아니하고 구속되거나 얽매이지 않을 것이다. 설령 염라대왕과 여러 귀신을 만나더라도 또한 (이들이) 모두 공경할 것이다. 무슨 까닭인가? 이는 반야般若의 불가사의不可思議한 위력威力이 있기 때문이다. 그러하다면 수많은 현재의 업이 있어도 필경 반야의 위대한〔殊勝〕 힘은 금강당자金剛幢子[100]와 같아서 뚫어도 뚫리지 않으며 흔들어도 움직이지 않을 것이다. 세상 사람들이 호화롭고 권세 있는 집에 태어나는 것도 또한 이와 같아서 일체의 관리〔官屬〕들과 서리胥吏, 병졸兵卒들이 (그 집 사람을) 두려

97 영리한 상근기 사람이 본분本分 자리를 맹귀파별盲龜跛鼈을 통하여 한 순간에 깨치는 것을 말한다.

98 마음을 말한다.

99 금강권金剛圈은 철위산鐵圍山보다 강해서 뚫기 어려운 울타리이고, 율극봉栗棘蓬은 대해수大海水보다 마시기가 더 어려운 밤 가시다. 양기방회(楊岐方會, 992-1049)는 정사正邪를 가리는 데에 이것을 사용했다.

100 쇠로 된 당간지주幢竿支柱를 말한다.

워하지 않는 사람이 없다. 또한 물건을 땅에 던지면 무거운 부분이 먼저 땅에 닿는 것과 같다. 눈으로 보면 비록 성주괴공成住壞空의 형상이 있으나 용이 껍질을 벗는 것과 같으며 나그네가 객사客舍에 거처하는 것과 같다. 실제 그 본 주인은 생멸生滅이 없으며 가고 옴이 없으며 더하고 덜함이 없으며 늙고 젊음이 없다. 시작 없는 옛날부터 금생今生에 이르기까지 태어나고 죽어서 천 가지 만 가지로 변화해도 일찍이 조금도 옮겨 바뀌지 않았다.

슬프다! 한 무리의 배우는 사람들이 가끔 이 식신識神만 많이들 알고 바른 깨달음을 구하지 않으며 생사生死도 해탈解脫하지 않으니 버려두고 논할 것이 없도다!

示直翁居士洪新恩 其三

終日共談不二호대 未嘗擧着一字라하니 復問此意如何오하면 不免遞相鈍置리라 父母非我親이라 誰是最親者오 盲龜跛鼈이라하니 靈利漢이 向者裡薦得하면 便見無邊刹境自他ㅣ不隔於毫端하며 十世古今始終이 不離於當念이니라

其或未然인댄 不妨撇轉機輪하야 便就盲龜跛鼈上하야 着些精彩하야 起箇疑情이니 疑來疑去에 直教內外로 打成一片하야 終日無絲毫滲漏하야 鯁鯁于懷호미 如中毒藥相似하며 又若金剛圈栗棘蓬을 決定要呑하며 決定要透하야 但盡平生伎倆하야 做將去하면 自然有箇悟處하리라.

假使今生에 呑透不下하야 眼光落地之時에 縱在諸惡趣中이라도 不驚

不怖하며 無拘無絆하야 設遇閻家老子諸大鬼王하야도 亦皆拱手하리라 何故오 蓋爲有此般若不思議之威力也니라 然則有諸現業이라도 畢竟에 般若力勝이 如箇金剛幢子하야 鑽之不入하며 撼之不動이리라 世人이 出於豪勢門墻도 亦復如是하야 一切官屬吏卒이 無不畏之하며 又若擲物墮地에 重處先着이니 目卽雖有成住壞空之相이나 如龍脫殼하며 如客旅居하야 其實本主는 無生無滅하며 無去無來하며 無增無減하며 無老無少하야 自無始劫來로 至於今生히 頭出頭沒하야 千變萬化에도 未嘗移易絲毫許니라

堪嗟라 一等學人이 往往에 多認者箇識神하야 不求正悟하며 不脫生死하나니 置之莫論이로다

금생에 이미 이 반야의 종자를 심었다면 곧 태어날 때 반드시 복과 지혜가 온전하여 고금古今을 뛰어넘을 것이다. 배상국裵相國[101], 이부마李駙馬[102], 한문공韓文公[103], 백낙천白樂天[104], 소동파蘇東坡[105], 장무진張無盡[106] 등이 곧 이런 사람들이다. 비록 (이들은) 욕심의 경계에 빠져 또한 일찍이 공부를 하지 않았지만 선지식을 겨우 만나

101 이름은 휴休, 황벽선사黃蘗禪師로부터 법法을 받았다.

102 이름은 준욱遵勗, 송나라 인종仁宗의 사위로 자조慈照스님 밑에서 오묘한 뜻〔玄旨〕을 깨달았다.

103 이름은 유(愈, 768-824), 자字는 퇴지退之로 태전선사太巓禪師와 뜻이 계합契合하였다.

104 이름은 거이(居易, 772-846), 불광선사佛光禪師로부터 심인心印을 얻었다.

105 이름은 식(軾, 1036-1101), 각조선사覺照禪師에게서 맹렬히 살피는 법을 얻었다.

106 이름은 상영商英, 도솔선사兜率禪師 밑에서 활연대오豁然大悟하였다.

한마디 말에 상승上乘의 도리를 문득 깨달아 생사를 초월超越했다. 비록 이들은 세속 가운데 있었으나 삼매를 즐기며 부처의 당부[107]를 잊지 않고 밖에서 불교를 보호하며 다 조사의 반열班列에 올라서 부처의 혜명慧命을 이었다. 이 사람들이 만약 숙세宿世에 (반야의 종자를) 심어 기르지 않았다면 어찌 이와 같이 꽃을 피우고 열매를 맺어 지혜智慧와 복덕福德을 모두 갖추었겠는가? 이 말이 참으로 옳으나 오늘 나〔山僧〕는 도리어 범부凡夫를 단련하여 성인聖人을 만드는 약을 가지고 있으니 재배하지 않는 종자種子[108]이다. 말을 하면 번거롭기만 하니 간략하게 한 게송을 들려주겠다.

종자의 인자因子를 밝히려면
화두話頭를 열심히 참구參究하라.
만약 핵심을 아는 데 이르면
눈먼 거북 절름발이 자라와 친하리라.

今生에 旣下此般若種子하며 纔出頭來에 管取福慧兩全하야 超今越古하리니 裴相國李駙馬韓文公白樂天蘇東坡張無盡이 卽此之類也라 雖沈迷欲境하야 亦不曾用工이나 纔叅見善知識하야 一言之下에 頓悟上乘하야 超越生死하고 雖在塵中이나 遊戲三昧하며 不忘佛囑하야 外護吾門하며 咸載祖燈하야 續佛慧命하니 此輩ㅣ若不是宿世栽培

107 불법佛法을 외호外護하라는 부탁을 말한다.
108 본래 갖추어져 있기 때문에 재배를 의지하지 않는다고 말했다.

면 焉得便恁麽開花結子하야 福足慧足이리요 是則固是나 今日山僧은 却有箇鍛凡成聖底藥頭호대 不假栽培底種子라 說則辭繁일새 略擧一偈하노라

欲明種子因인댄

熟讀上大人이어다

若到可知禮하면

盲龜跛鼈親하리라

【요지】

먼저 눈먼 거북과 다리 저는 자라〔盲龜跛鼈〕를 들어 영리한 상근기上根機가 순간 깨침을 할 수 있게 불이법문不二法門을 했다. 다음은 화두를 참구參究하여 주관과 객관을 초월한 은산철벽銀山鐵壁을 꿰뚫어〔透過〕 자유자재하는 경지에 이르는 둔근기(鈍根機, 下根機)의 공부 방법을 제시했다. 끝으로 설령 금생今生에 화두를 타파하지 못하더라도 내생來生의 공부에 금생 공부가 큰 공덕이 된다는 점을 강조했다.

4. 결제에 대중에게 보임

긴 기한은 구십 일이고 짧은 기한은 칠 일이다. 거친 가운데 미세한 것이 있고 미세한 가운데 세밀細密한 것이 있다. 세밀하고 세밀하여 빈틈이 없어서 가는 티끌도 성립할 수 없다. 다만 이때에는 은산철벽銀山鐵壁[109]이 막혀서 나아가도 문이 없고 물러나도 잃어버리게 된다. 만약에 만 길이나 되는 깊은 구덩이에 떨어져 사면四面이 깎아지른 절벽의 가시나무로 되어 있더라도 아주 맹렬한 영웅은 곧 몸을 돌이켜 뛰어나오려 한다. 만약 한 생각이라도 망설이고 의심하면 부처도 또한 너를 구제하지 못할 것이다. 이것이 가장 높고 깊은 오묘〔玄妙〕한 관문이니 널리 청하건대 여러분들〔大家〕은 여기에 힘을 붙이라. 내〔山僧〕가 비록 그릇된 것을 막는데 상례常例 넘어서는 것을 관계하

---

109 주객主客이 하나되어 '말의 길이 끊어지고(言語道斷)' '마음 작용이 멸한(心行處滅)' 자리이다.

지 아니하지만 여러분에게 소식을 알려주겠다. ⊙⊙⊙

結制示衆 其四

大限은 九旬이요 小限은 七日이니 麤中有細하고 細中有密하며 密密無間하야 纖塵不立이니라 正恁麽時하야 銀山鐵壁이라 進則無門이요 退之則失하리라 如墮萬丈深坑에 四面이 懸崖荊棘이라도 切須猛烈英雄은 直要翻身跳出이니 若還一念遲疑인댄 佛亦救你不得하리라 此是最上玄門이니 普請大家着力이어다 山僧은 雖則不管閑非越例나 與諸人으로 通箇消息호리라 ⊙⊙⊙

【요지】

공부 기한이 장기든 단기든 반드시 은산철벽銀山鐵壁을 뚫는〔透過〕 것이 철칙鐵則임을 말하였다. 마지막에 세 원상圓相을 그려서 우리의 일상사日常事가 이 세 가지 진리 속에서 항상 이루어지고 있음을 보여 주었다.

5. 대중에게 보임

살가죽이 터지고 살이 문드러지며 힘줄이 끊어지고 뼈가 부서지며 걸림 없는 말재주〔辯才〕를 갖추어 자유자재하게 말하더라도〔橫說竪說〕 ⑨ 향상일관向上一關에서 말하자면 감히 당신〔老兄〕이 철저하지 못하다고 하겠다. 바로 허공을 분쇄하고 대해大海를 고갈시키며 머리에서 바닥까지 꿰뚫어〔透脫〕 안과 밖을 밝게 하라. ⑩ 바로 이러한 때라도 오히려 눈에 가루가 들어간 것과 같다. 그대들〔大衆〕은 또 말하라. 어떤 것이 집에 이른 소식〔句節〕인가? ⑪ 진흙소〔泥牛〕가 쇠방망이〔鐵棒〕를 맞으니 금강金剛이 피를 뿜는다![110]

---

110 이상 ⑨⑩⑪의 세 구절은 살殺과 활活을 각각 부정否定하고 향상向上하여 살활동시殺活同時 자유자재自由自在함을 나타냈다.

示衆 其五

皮穿肉爛하고 筋斷骨折하며 具無礙辯하야 橫說竪說이라도 若謂向上一關인댄 敢保老兄未徹이라호리라 直須虛空粉碎하고 大海枯竭하며 透頂透底하야 內外澄澈이어다 正恁麼時라도 猶是眼中着屑이니라 大衆은 且道하라 如何是到家底句오 泥牛喫鐵棒하니 金剛迸出血이로다

만약 이 일을 논의하자면 큰 불덩어리가 치열하게 타올라 하늘까지 뻗쳐 일찍이 작은 틈도 없는 것과 같다. 가진 물건을 다 던지더라도 오히려 조각 눈이 떨어지면 바로 녹아버리는 것과 같으니 어찌 털끝을 용납하겠는가? 만약 이렇게 공부할 수 있다면 정한 기한의 공력功力을 만萬에 하나도 잃지 않겠지만, 만약 그렇지 못하면 비록 진겁塵劫의 긴 세월을 지내더라도 한갓 수고롭기만 할 것이다.

若論此事인댄 如大火聚烈焰亘天하야 曾無少間이라 所有之物을 悉皆投至라도 猶如片雪이 點着便消하리니 爭容毫末이리요 若能恁麼提持하면 剋日之功을 萬不失一이어니와 儻不然者인댄 縱經塵劫이라도 徒受勞矣리라

바다 밑 진흙 소는 달을 물고 달려가고
바위 앞 돌 호랑이는 아이 안고 잠을 자도다!
쇠 뱀은 금강의 눈을 뚫고 들어가고
곤륜산이 코끼리를 타니 백로가 끌고 가도다![111]

이 네 구절 안에 능히 죽이고 능히 살리는 한 구절이 있다. 능히 죽이고 능히 살리며, 능히 놓아주고 능히 빼앗으니,[112] 만약 이것을 점검點檢해 낼 수만 있다면 한평생 수행한 일을 마쳤다고 허락하겠다.

海底泥牛啣月走어늘

巖前石虎抱兒眠이로다

鐵蛇鑽入金剛眼이어늘

崑崙騎象鷺鷥牽이로다

此四句內에 有一句能殺能活하며 能縱能奪하나니 若檢點得出인댄 許與一生叅學事畢하리라

만약에 이 일을 논의한다면 비유하건대 사람 집 처마 끝에 한 무더기 거름과 같다. 아침부터 저녁까지 비가 내리고 바람이 불어도 곧 아무도 돌아보는 사람이 없어서 특히 한 곳에 한량없는 보배가 그 속에 쌓여 있는 것을 알지 못하는 것과 같다. 만약에 이를 얻어 가지게 되면 백겁百劫과 천생千生의 영원한 세월 동안 가져도 다함이 없고 써도 모자람이 없다. 이 보배 창고는 밖에서 온 것이 아니라 다 그대들 하나의 믿음이라는 글자 위에서 나온다. 만약에 믿음이 온전하면 결코 서로 속이지 않지만 만약 믿음이 온전하지 못하면 비록 진겁塵劫의 긴 세월을 지내더라도 또한 옳은 곳이 없게 된다.

---

111 이 네 구절은 어디에도 집착하지 않고 살활자재殺活自在하는 것을 나타냈다.

112 종縱은 활活이고, 탈奪은 살殺을 말한다.

널리 여러 수행하는 사람들에게 청하니 곧 이렇게 믿어서 가난한 거지 아이〔貧窮乞兒〕를 면하라. 또 말하라! 이 보배는 지금 어디에 있는가?

(한참 말이 없다가〔良久〕 이르기를)

호랑이 굴에 들어가지 않는다면 어찌 호랑이 새끼를 잡겠는가?[113]

若論此事인댄 譬如人家屋簷頭에 一堆榼𢷬相似하야 從朝至暮히 雨打風吹호대 直是無人覷着하나니 殊不知有一所無盡寶藏이 蘊在其中이로다 若也拾得하면 百劫千生에 取之無盡하며 用之無竭하리니 須知此藏ㅣ不從外來라 皆從你諸人의 一箇信字上發生이니라 若信得及인댄 決不相誤어니와 若信不及이면 縱經塵劫이라도 亦無是處니라 普請諸人하노니 便恁麼信去하야 免教做箇貧窮乞兒어다 且道하라 此藏은 卽今在甚處오 良久云 不入虎穴이면 爭得虎子리요

【요지】

살殺과 활活도 부정否定하여 향상向上하며, 또 살과 활을 긍정하여 전신자재轉身自在함을 보였다.

---

113 안진호安震湖는 '호랑이 굴은 현재 가고 머물고 앉고 눕는 일체 행동〔施爲〕하는 색신色身을 가리키며, 호랑이 새끼는 불성佛性을 비유하는 것(虎穴 指現今行住坐臥一切施爲處色身也 虎子喩佛性也)이다.'라고 풀이했는데, 이 견해는 달을 손가락으로 잘못 본 것이다. 호랑이 굴과 호랑이 새끼는 살활殺活이다.

6. 해제에 대중에게 보임

구십 일 동안 화두를 잡아 정定하여 조금도 법도에 어긋나는 것〔走作〕을 용납하지 않고 다만 살가죽이 터지고 뼈가 드러나 일곱 번 떨어지고 여덟 번 떨어지더라도 싸늘한 눈으로 본다면 꼭 땅을 파고 하늘을 찾는 것이라 말하겠다. 천 가지가 잘못되고 만 가지가 잘못되었다.[114] 오늘 여기에 한 가닥 길을 열어 놓을 수밖에 없으니, 피차 구속됨이 없이 동서남북에 움직임을 따라 자유로우며〔任運騰騰〕 천상과 인간 세상에 거닐며〔逍遙〕 즐기라.

그러하기가 비록 이와 같으나 또 말하라. 갑자기 물이 펄펄 끓는 가마솥과 불이 활활 타는 화로와 칼 나무와 칼 산[115]을 만나서는,

---

114 본분本分 입장에서 보면 난행고행難行苦行도 이쪽 언덕〔此岸〕에서 하는 부질없는 일이다.

115 확탕鑊湯, 노탄爐炭, 검수劍樹, 도산刀山은 모두 지옥 이름이다. 부처도 중생도

알 수 없도다! 어떻게 머물 것인가? (한참 말이 없다가〔良久〕 이르기를) 악! 하였다.

解制示衆 其六

九旬을 把定繩頭하야 不容絲毫走作하고 直得箇箇皮穿骨露하야 七零八落이라도 冷眼看來인댄 正謂掘地討天이라 千錯萬錯이로다 今日에 到者裡하야는 不免放開一線하노니 彼此無拘無束하야 東西南北에 任運騰騰하며 天上人間에 逍遙快樂이어다 然雖如是나 且道하라 忽遇鑊湯爐炭劒樹刀山하야는 未審커라 如何棲泊고 良久云 惡하시다

【요지】

실천하기 어렵고 힘 드는 투철한 수행〔難行苦行〕도 본분 입장에서 보면 땅을 파고 하늘을 찾는 것〔掘地討天〕이라고 했다. 진정한 해제일을 맞이한 사람은 어디에도 구애됨이 없이 자유롭게 움직이고 즐길 수 있지만 그렇지 못한 수행자는 확탕鑊湯, 노탄爐炭, 검수劒樹, 도산刀山의 관문을 반드시 투과해서 자유자재해야 된다는 것을 강조했다.

해탈도 구속도 번뇌도 반야도 초월하여 용납할 수 없는 곳이다.

7. 대중에게 보임

만약 결정코 참되고 바르게 마음을 밝히려 한다면, 먼저 평소 마음속에 받은 일체 선악을 밑바닥까지 다 물리쳐서 털끝만큼도 남겨두지 말고 아침까지 바보같이 우두커니 있어서 옛날 어린아이 때와 다름이 없어야 한다. 그런 뒤에 자리〔蒲團〕에 조용히 앉아 정념正念[116]을 굳게 엉기게 하라. 정밀精密하게 향상向上의 현기玄機[117]를 궁구하며 조사가 서쪽에서 온 비밀한 뜻을 연구하고 음미하라. 간절하고 정성스러우며, 조심하고 두려워하여 다만 털끝만큼도 간단間斷이 없으며, 동정動靜에도 이지러지지 아니하며, 점점 깊고 은밀하여 그윽하고 심원深遠하며, 미세하고 미세하여 지극히 미세한 곳까지 나아가라.

비유하자면 어떤 사람이 멀리 다른 곳에 갔다가 점점 길을 돌이켜

---

116 공부가 간단없이 지속되는 마음이다.

117 본분 자리이다.

이미 집에 이른 것과 같으며, 또 쥐가 소뿔에 들어가 얼른얼른 뾰족한 끝에까지 달려가 이르는 것[118]과 같으며, 또 도적을 잡아 장물贓物을 찾는데 고문을 해서 사정事情과 법리法理가 다 드러나는 데에 이르는 것과 같다. 움직이지도 않고 물러나지도 않으며 가지도 않고 오지도 않으며 한 생각도 나지 않고 앞과 뒤가 끊어지며, 우뚝하고 높으며 빼어나고 멀어서 마치 만 길 절벽에 앉은 것과 같고 또 백 척의 장대 위에 머무는 것과 같다.

한 생각이 조금만 어긋나도 몸과 목숨을 잃을 것이다. 장차 공功이 아홉 길〔九仞〕이나 되는 언덕을 만드는 정도가 되더라도 절실하게 보임保任하고[119] 온전히 이끌어야 한다. 갑자기 경행經行하고 앉고 눕는 곳에서 뜻밖에 "와!" 하는 한 소리를 하게 되면 오히려 죽어 하늘까지 가득 찬 가시 수풀 속에 떨어져 있다가 한 가닥 몸을 건질 활로를 찾은 것과 같으니 어찌 기쁘지 않겠는가?

示衆 其七

若要眞正決定明心이댄 先將平日胸中에 所受一切善惡之物하야 盡底屛去에 毫末不存하고 終朝兀兀如痴하야 與昔嬰孩로 無異 然後에야 乃可蒲團靜坐하야 正念堅凝이어다 精窮向上之玄機하며 硏味西來之

118 중국에서 쥐를 소뿔 속으로 유인하여 잡는 방법이다.

119 '평지에 인공으로 아홉 길의 산을 쌓아 올린다'는 것은 오매일여寤寐一如의 경지를 만들어 가는 것을 말하고, 보임保任은 오매일여寤寐一如의 경지를 지켜 간다는 말로서, 돈오점수頓悟漸修에서 말하는 깨달은 뒤에 보임한다는 것과는 전혀 다르다.

密旨하야 切切拳拳하며 兢兢業業하야 直教絲毫無間하며 動靜無虧하야 漸至深密幽遠한 微細微細極微細處이어다

譬如有人이 遠行他方이라가 漸漸回途하야 已至家舍에 又如鼠入牛角에 看看走至尖尖盡底하며 又如捉賊討贓에 栲至情理俱盡인닷하야 不動不退하고 無去無來하며 一念不生하고 前後際斷하며 卓卓巍巍하고 孤孤迥迥하야 如坐萬仞崖頭하며 又若停百尺竿上이라

一念纔乖하면 喪身失命하리니 將至功成九仞이라도 切須保任全提니라 忽於經行坐臥處에 不覺囫地一聲하면 猶如死在漫天荊棘林中이라가 討得一條出身活路相似하리니 豈不快哉아

만약 세상의 고통〔塵勞〕[120] 속에 빠져〔汨沒〕 있으면서 벗어나려 하지 않는다면, 비유하자면 물위에 뜬 나무가 그 성질이 실제는 가라앉는 것이어서 잠시 몸체가 가벼우나 마침내 잠겨서 젖는 것을 감당할 수 없는 것과 같다. 또 정원의 꽃이 비록 빛깔과 향기가 다 아름답지만 하루아침에 빛깔이 시들고 향기가 사라지면 다시 좋아할 것이 없는 것과 같다.[121] 또 농부가 밭에 씨를 심어 비록

120 '있다·없다, 너다·나다'와 같은 양변에 집착하여 받는 수고로움과 고통을 뜻한다.

121 안진호安震湖는 이 부분에 대하여 '잠시 몸이 가벼운 것은 견성見性이고 잠기는 것은 고통에 빠지는 것이며, 색깔과 향기가 다 좋은 것은 견성이고 색깔이 시들고 향기가 사라지는 것은 고통에 빠지는 것이다.(暫得身輕見性 不堪浸潤汨沒塵勞 色香俱美見性 色萎香滅 汨沒塵勞)'라고 하였는데, '몸 가벼움'과 '꽃의 빛깔과 향기의 아름다움'을 견성見性으로 본 것은 잘못이다. 이 두 가지 비유는

그 싹이 트더라도 공력功力이 들지 않으면 마침내 열매를 맺지 못하는 것과 같으며, 문득 가난한 거지 아이〔貧窮乞兒〕가 적은 것을 얻어 만족하는 것과 같다.

오래 된 싹[122]이 다시 트고 가시가 다시 나서 바깥 경계에 끌려가[123] 마침내 잠기고 빠지게 되면 위없는 청정淸淨한 열반涅槃을 이 때문에 얻어 볼 수 없다. 어찌 앞에 쌓은 공을 그릇 허비하고 신도의 시주施主를 헛되게 소모하겠는가?

若是汨沒塵勞하야 不求昇進인댄 譬如水上之浮木이 其性實下하야 暫得身輕이나 不堪浸潤하며 又如庭中之花ㅣ雖則色香俱美나 一朝에 色萎香滅하면 無復可愛하며 又如農夫之種田에 雖有其苗나 而工力이 不至하며 終不成實하며 便如貧窮乞兒ㅣ得少爲足라

久久萌芽ㅣ再發하고 荊棘이 復生하야 被物之所轉하야 終歸沈溺하면 無上淸淨涅槃을 無由獲覩하리니 豈不枉費前功하고 虛消信施리요

만약 뜻있는 대장부라면 다만 이 속을 향하여 자취를 감추고 빛을 숨겨 남몰래 수행修行하여 은밀히 사용하되 혹 삼십 년, 이십 년으로부터 일생을 마칠 때까지 끝내 다른 생각 없이 살아가기를 진실하고 우뚝하며 평온하고 당당하게 할 것이다. 곧 작은 티끌도 세우지

다 무상無常함을 뜻한다.

122 무명無明의 싹을 말한다.

123 중생衆生은 도리어 경계에 끌려가 지배를 받지만 도인道人은 경계를 지배한다.

않고 작은 풀도 나지 않게 하며 오고 감에 막힘이 없고 가고 머묾에 자유로우면 과보의 인연이 옮겨 가는 날[124]에 반드시 문을 밀어 돌쩌귀에 떨어진다.[125]

만약 이렇듯 종이로 싸고 띠로 묶어 용두사미龍頭蛇尾가 되면[126] 다만 선종 가풍에 흠집이 있게 될 뿐 아니라 또한 후학과 초심자들을 물러나게 할 것이다. 위에서 기술한 좁은 소견은 다 시원찮은 명아주와 콩잎[127] 종류가 아님이 없다. 배부른 사람은 먹지 않거니와 진陳나라에서 양식이 끊어진 무리[128]를 기다리니 끝내 한 손가락의 맛[129]은 있을 것이다.

가끔 도 배우는 사람들이 출가한 본뜻을 망각하고 한결같이 그릇되고 악한 것을 따라가서 바른 깨달음을 구하지 아니하고, 그릇되게 부처님과 조사의 깨달은 과정과 옛사람의 공안을 가지고 처음부터

---

124 죽는 날이다.

125 생사도 본분 자리에서 이루어지고 있다.

126 안진호安震湖가 '종이로 싸는 것과 용두龍頭는 견성見性에 비유하고, 띠로 묶는 것과 사미蛇尾는 보임保任하지 않는 것에 비유한다(紙裹龍頭 皆喩見性 茅纏蛇尾 喩不保任).'고 본 것은 잘못이다. 이 부분은 깨닫기 이전 수행을 바르게 열심히 하지 않는 것을 말한다.

127 명아주와 콩잎으로 만든 맛없는 악식惡食을 말한다.

128 공자孔子가 진陳나라에서 채蔡나라로 가는 도중 전란으로 칠 일 동안 양식이 끊어졌던 일을 말한다.

129 제양공齊襄公이 팽생彭生과 사냥을 나갔다가 자라를 얻어 국을 끓였는데 식지食指가 움직이면 좋은 음식을 얻어먹는다는 팽생의 말을 듣고 양공이 이를 미워하여 다 먹어버렸는데 팽생이 남은 찌꺼기를 손가락으로 맛본 일을 말한다.

견강부회牽强附會하여 서로 전수傳授하면서 은밀히 보배로 여겨 궁극窮極의 진리를 삼고, 곧 계율〔毘尼〕을 지키지 않고 인과因果를 무시한다. 인아사상人我四相이 더욱 높아지고 삼독三毒이 두 배로 커진다. 이와 같은 무리는 마군魔軍의 외도外道에 떨어지는 것을 면치 못하여 영원히 남의 집 식구〔眷屬〕가 된다.

若是有志丈夫인댄 正好向者裡하야 晦跡韜光하고 潛行密用호대 或三十年二十年으로 以至一生히 終無他念하야 踏得實實落落하며 穩穩當當하니라 直教纖塵不立하고 寸草不生하며 往來無礙하고 去住自由하면 報緣遷謝之日에 管取推門落臼니라

若只恁麽紙裹茅纏하야 龍頭蛇尾인댄 非特使門風有玷이라 亦乃退後學初心하리라 如上所述管見은 莫不皆是藜藿之類라 飽人은 不堪供養이어니와 以俟絶陳之流하노니 終有一指之味하리라

往往學道之士ㅣ 忘却出家本志하고 一向隨邪逐惡하야 不求正悟하고 妄將佛祖機緣과 古人公案하야 從頭穿鑿으로 遞相傳授하며 密密珍藏하야 以爲極則하고 便乃不守毘尼하야 撥無因果하며 人我ㅣ 愈見崢嶸하고 三毒이 倍加熾盛하나니 如斯之輩는 不免墮於魔外하야 永作他家眷屬이니라

만약 삿되고 그릇된 것을 만나지 않고 초심初心을 저버리지 않았다면 마땅히 무상無常이 빠른 것을 알며 고해苦海에 빠져 있다는 것을 깊이 생각해서 두 끼 음식이 나오는 것과 여러 가지 생활이 편리한

곳에 나아가 문득 좋게 때〔狀況〕를 타고 바로 공부해 들어가고[130] 시집가기 임박해서 혹 고치기를 기다려서는 안 된다.[131] 이것이 위로 불조佛祖의 마음〔心印〕을 따르는 것이며 걸림 없는 해탈의 묘한 문이다. 설사 기연機緣을 만나지 못하고 공력工力이 충분하지 못하더라도 간절히 목숨을 버리고 몸을 잊고 부지런히 고행苦行하며 죽음에 이르러 삶을 버리더라도 한 마음도 물러나지 말아야 한다. 다시 갈등이 다하지 아니해서 거듭 게송偈頌 말함을 면하지 못한다.

이 마음은 맑고 깨끗하여 본래 흠이 없는데
다만 탐내고 구하다가 경계境界에 얽매이도다!
눈동자가 돌출해서 전체가 드러나면
산하山河와 대지大地가 허공의 꽃이로다.

동서가 십만이고 남북이 팔천이다.[132] 작은 먼지도 서지 않고 작은 풀도 나지 않아서 가고 옴에 걸림이 없고 묘용妙用이 자유자재하다. 다만 넉넉히 이 안에 몸소 이르러도 다만 이것은 근본根本을 버리고 지말枝末을 따르는 것이며 화禍를 끌어오고 재앙災殃을 불러오는 것이다. 또 말하라. 무엇이 이 근본인가? (주장자를 던지고 이르기를)

---

130 역순逆順 경계境界를 피하거나 집착하지 않고 상황에 따라서 그대로 공부해 들어가는 것(乘時直入)을 말한다.

131 목마를 때 샘을 판다는 말과 같이 어떤 일이 임박해서 서두르는 것을 말한다.

132 가무심假無心인 알뢰야식을 멸진한 진여자성眞如自性을 말한다.

전륜왕轉輪王의 세 치 쇠 혀〔三寸鐵〕[133]를 뽑아 던져버리더라도 분명히 온 세계는 이 칼과 창이로다![134]

머리를 숙이고 하늘을 찾는 것이며 얼굴을 들고 땅을 찾는 것이다. 다리가 절뚝거리고 손이 떨리니 멀고 아득하다. 문득 서씨 집안 열셋째 아들을 만나면 '애!' 하는 것[135]이 원래 다만 이 안에 있다.[136] (손으로 무릎은 한 번 치고 이르기를) 이 안에 있더라도 섣달 그믐날이 오면 또한 눈 뜨고 귀신을 볼 것이다.

若有未遭邪謬하야 不負初心인댄 當念無常이 迅速하며 痛思苦海沈淪하야 趁二時粥飯現成과 百般受用便當하야 便好乘時直入이요 莫待臨嫁醫癭이어다 此乃從上佛祖之心印이며 無礙解脫之妙門이라 設使機緣不偶하며 工力未充이라도 切須捨命忘形하고 勤行苦行하며 至死拚生하야도 一心不退니라 復有葛藤未盡일새 不免重說偈言하노라

此心清淨本無瑕어늘

133 전륜성왕이 세 치의 혀로 천하를 통일했다.

134 온 세계가 칼과 창이라고 한 것은 "뒤로 삼천 리나 물러간다倒退三千里"라는 말의 또 다른 표현이다.

135 춘추전국春秋戰國시대 서씨가 열셋째 아들을 잃었다가 우연히 전쟁터에서 찾아 기뻐했던 일을 말한다.

136 안진호가 '저두 이하低頭以下 이 단락의 대의大意는 공부의 득실을 밝힌 것이니 득실은 미오迷悟다. 이 가운데 처음 부분은 깨닫지 못한 경계를 나타내며 맥연驀然 아래는 깨달음을 나타냈다.(低頭以下此段大意 明工夫得失 得失是迷悟也 於中初明失 驀然下明得)'고 한 것은 전적으로 잘못됐다. 이 부분은 깨달은 뒤의 향하구向下句와 향상구向上句를 말한 것이다.

只爲貪求被物遮로다

突出眼睛全體露하면

山河大地是空華리라

東西十萬이요 南北八千이라 纖塵不立하고 寸草不生하야 往來無礙하며 妙用從橫이로다 直饒親到者裏라도 正是棄本逐末이며 引禍招殃이니라 且道하라 如何是本고 擲主丈云 抛出輪王三寸鐵이라도 分明遍界是刀鎗이로다

低頭覓天이요 仰面尋地라 跛跛挈挈하야 遠之遠矣로다 驀然撞着徐十三郎하면 嗄元來只在者裡로다 以手로 拍膝一下云 在者裏라도 臘月三十日到來하야는 也是開眼見鬼하리라

【요지】

먼저 참되고 바른 수행인이 마음을 비워 백척간두상百尺竿頭上에서 '와!' 하는 한 소식을 얻으면 한없이 기쁘게 된다는 것을 말했다. 바른 견해와 방법으로 간단없이 계속 공부할 것을 권하고, 잘못된 견해와 방법으로 공부하여 마군魔軍의 권속眷屬이 되지 말라고 경계했다. 이렇게 철저한 가르침에 의하여 비록 깨달음을 얻었다 하더라도 이를 허락하지 아니하고 무한히 향상向上하여 자유자재自由自在할 것을 강조했다. 그런데 이 내용을 두고 견성見性한 뒤의 보임으로 본 안진호의 해석은 고봉선사 법문의 종지宗旨를 전혀 알지 못한 것이다. 안진호의 이 주석을 따르는 사람은 영원히 손가락만 보고 달을 볼 수 없기 때문에 공부를 그르치게 된다.

8. 기한을 정해서 대중에게 보임

오음五陰 산 가운데 마군魔軍은 강하고 법이 약해서 싸워 이기지 못할 것 같으면, 헤아리고 의론議論하기를 그만두고 보검을 확실히 잡아 살고 죽는 것을 묻지 말고 분발하여 몸을 돌보지 말고 별이 날고 불이 흩어지는 것[137] 같이 공부하라. 공이 있는 사람에게는 상을 주고 공이 없는 사람에게는 벌을 주겠다. 상과 벌[138]이 이미 분명한데, 또 말하라. 오늘 몽둥이를 맞은 상좌는 이것이 상인가, 벌인가? 만약 이 속에서 검은 것, 흰 것을 알아낸다면 문득 흥화興化스님[139]이 대각大覺스님[140]의 방망이 아래서 방망이를 맞고 깨달은 소

---

137 부지런하고 급하게 공부해 가는 것을 말한다.

138 세속적인 의미의 상벌이 아니라 살활殺活을 뜻한다.

139 흥화(興化, ?-925)스님은 임제의현의 제자로, 대각大覺스님의 회상會上에서 원주院主를 지냈다.

140 대각경연大覺敬連. 구체적 내용은 미상未詳이다.

식[141]을 볼 것이다.

立限示衆 其八

五陰山中에 魔强法弱하야 戰之不勝인댄 休擬議着하고 寶釰全提하야 莫問生殺하고 奮不顧身하야 星飛火撒이어다 有功者는 賞하고 無功者는 罰호리라 賞罰이 旣已分明인댄 且道하라 今日喫棒底上座는 是賞耶아 是罰耶아 若向者裏하야 緇素得出하면 便見興化於大覺棒下에 悟喫棒底消息하리라

【요지】

살활殺活 자유자재하는 본분사 입장에서 바르게 열심히 공부할 것을 권했다.

---

141 임제스님이 황벽스님으로부터 방망이로 60번을 맞고 깨달은 소식이다.

9. 대중에게 보임

참선을 해서 만약 정한 기일 안에 성공하고자 한다면 마치 천 자〔千尺〕 깊이의 우물 바닥에 떨어진 것과 같이 아침부터 저녁까지, 저녁부터 아침까지 천 가지 생각 만 가지 생각 오직 나가기만 구하는 마음을 가져야 한다. 구경에는 결코 두 가지 생각이 없으니 진실로 이와 같이 공부를 해서 혹 삼일이나 오일, 칠일 만에 만약 깨치지 못한다면 나〔西峰〕는 오늘 대망어大妄語를 범하여 영원히 혀를 뽑아 밭을 가는 지옥에 떨어질 것이다.

어떤 때에는 불같이 뜨거우며[142] 어떤 때는 얼음같이 차며[143] 어떤 때는 노새를 끌고 우물에 들어가는 것과 같으며[144] 어떤 때는 물을

---

142 산란散亂이다.

143 혼침昏沈이다.

144 역경逆境이다.

따라 돛을 펴는 것과 같다.[145] 이 네 가지 마군魔軍이 다시 서로 죽이고 해치는 것 때문에 학인學人들이 집을 잊어버리고 가업家業[146]을 잃기에 이르렀다. 나〔西峰〕는 오늘 한 계책을 내서 여러 사람과 함께 종적蹤迹을 쓸어 없애겠다. (한참 말이 없다가〔良久〕 이르되) '첩捷!' 하였다.

示衆 其九

參禪에 若要剋日成功인댄 如墮千尺井底相似하야 從朝至暮하며 從暮至朝히 千思想萬思量이 單單只是箇求出之心이라 究竟決無二念이니 誠能如是施工하야 或三日或五日或七日에 若不徹去면 西峰은 今日에 犯大妄語라 永墮拔舌犁耕하리라

有時熱鬧鬧하며 有時冷冰冰하며 有時如牽驢入井하며有時如順水張帆하나니 因此四魔ㅣ更相殘害하야 致使學人으로 忘家失業이라 西峰은 今日에 略施一計하야 要與諸人으로 掃蹤滅跡호리라 良久云 捷하시다

형제들이 십 년 이십 년이 되도록 풀을 헤치고 바람을 맞았으되 불성佛性을 보지 못하고 가끔 혼침昏沈과 도거掉擧의 그물에 갇혔다고 말한다. 그러나 오히려 이 혼침과 도거 네 글자의 당체當體가 곧 불성인 것을 알지 못한다. 아! 혼미한 사람은 알지 못하고 자기가 법에 그릇 집착하여 병을 만들어, 병으로 병을 다스려 불성을 더욱

145 순경順境이다.

146 본분사가업本分事家業이다.

구하면 더욱 멀어지며, 점점 급하게 하면 점점 늦어지는 데에 이르렀도다! 설사 한 개 반 개라도[147] 빛을 돌이켜 비추어 그릇됨을 바로 알아서, 확연히 약과 병이 다 사라지고 눈동자가 드러나서 달마가 홑으로 전한 뜻을 환하게 밝히며 본래의 불성을 투철히 보더라도 만약 나[西峰]의 점검에 의하면 오히려 생사 언덕의 일이다. 만약에 향상일로向上一路에서 말한다면 모름지기 다시 청산 밖에 있음을 알아야 한다.

兄弟家ㅣ成十年二十年토록 撥草瞻風호되 不見佛性하고 往往에 皆謂被昏沈掉擧之所籠罩라하니 殊不知只者昏沉掉擧四字ㅣ當體卽時佛性이로다 堪嗟라 迷人은 不了하야 妄自執法爲病이라 以病攻病하야 致使佛性으로 愈求愈遠하며 轉急轉遲하나니 設使一箇半箇나 回光返照하야 直下知非하야 廓然藥病兩忘하고 眼睛露出하야 洞明達磨單傳하며 徹見本來佛性이라도 若據西峰의 點檢將來인댄 猶是生死岸頭事라 若曰向上一路인댄 須知更在青山外니라

만약 이 일을 논의할 것 같으면 정히 물을 거슬러 배를 끌어 올리는 것과 같아서 위로 한 삿대를 올라가면 열 삿대가 내려가고, 위로 열 삿대를 올라가면 백 삿대가 내려가서, 더 지탱하려 하면 더욱

---

147 진의 부견符堅이 전리품으로 라집羅什과 습착지(習鑿齒, 東晋의 歷史家, '東晋春秋'를 지었음)를 얻었는데, 라집은 몸이 성하여 한 개라 하고 습착치는 다리 하나를 잃어서 반 개라고 했다.

밀려 내려가서, 내려가고 또 내려가서 바로 넉넉히 큰 바다까지 떠내려가 이르더라도 뱃머리를 잡아 돌려서 결단코 또 저 가운데를 향해 지탱하여 위로 올라가고자 하는 것과 같다. 만약 이런 지조와 지략을 가졌다면 곧 집에 이른 소식이다. 사람이 산에 오르는데 각자가 노력하는 것과 같다.

若論此事인댄 正如逆水撑船하야 上得一篙에 退去十篙하고 上得十篙에 退去百篙하야 愈撑愈退라 退之又退하야 直饒退到大洋海底라도 掇轉船頭하야 決欲又要向彼中撑上하리라 若具者般操略인댄 卽時到家消息이라 如人上山에 各自努力이니라

이 일에서 확실하게〔的實〕 공부工夫하는 간절한 자리는 정히 마주 대하여 서로 씨름을 하는 것과 같다. 조금이라도 두려워하는 마음과 차별하는 마음을 가슴 속에 가지고 있으면 어찌 열 번 싸워서 아홉 번 지는 데 그치겠는가? 싸움을 시작하기도 전에 목숨은 이미 남의 손에 넘어가 버린다.

만약에 쇠 눈과 청동 눈동자를 가진 사람이라면 분분비비憤憤悱悱[148]해서 바로 한 주먹으로 쳐부수고 한 입에 삼켜야 한다. 가령 몸을 잃고 생명을 잃어서 천생과 만겁이 되더라도 마음은 또한 잊지

148 분분憤憤은 마음이 통하고자 하나 통하지 못하는 것이고 비비悱悱는 입으로 말하고자 하나 말하지 못하는 것으로, 분분비비는 뜻을 통하지 못하는 것을 의미한다.

말아야 한다. 여러 상좌가 과연 이와 같이 그릇된 것을 알고 과연 이와 같이 채찍을 사용한다면 정한 기일 내에 성공할 것은 단정코 의심할 것이 없을 것이다. 힘쓰고 힘쓰라.

此事의 的實用工切處는 正如搭對相撲相似하야 纔有絲毫畏懼心과 纖塵差別念을 蘊于胸中이면 何止十撲九輸리요 未着交時에 性命이 已屬他人了也니라

若是鐵眼銅睛인댄 憤憤悱悱하야 直要一拳打碎하며 一口呑却이니 假使喪身失命하야 以至千生萬劫이라도 心亦不忘이니라 諸上座ㅣ果能如是知非하며 果能如是着鞭하면 剋日成功을 斷無疑矣리니 勉之勉之어다

【요지】

본래 병도 없고 약도 없으며, 혼침도거昏沈掉擧 그 자체가 바로 불성佛性이라는 것을 알고 우물을 벗어나려는 간절한 마음과 끝까지 강물을 거슬러 오르려는 강인强靭한 의지로 공부해 나간다면 반드시 정한 기일 안에 깨달음을 얻을 수 있다고 말했다.

10. 저녁 법문

수행〔參究〕할 때 모름지기 참되게 수행하며 깨달을 때 모름지기 참되게 깨달으면 모든 일상생활에서 고금古今에 밝게 된다. 만약 이 마음가짐이 바르지 않으면 깨달음도 진실하지 아니하며 꾸미고 허세를 부려서[149] 사람들과 가볍게 부딪침[150]에 등롱燈籠을 노주露柱라고 부르는 잘못[151]을 면하지 못할 것이다. 또 말하라. 어떤 것이 참되게 수행〔參究〕하고 참되게 깨닫는 소식인가? (한참 말이 없다가〔良久〕 이르기를)

---

149 장장점점粧粧點點은 화장을 하여 꾸미는 것이고 투투정정鬪鬪飣飣은 쌓아서 모양내는 것이니 모두 겉으로만 꾸미고 실속이 없는 것을 말한다.

150 법을 논의할 때를 말한다.

151 살활殺活을 구별하지 못한다.

남산에 구름이 피어오르니
북산에 비가 내린다.[152]

晩叅 其十

叅須實叅하며 悟須實悟인댄 動轉施爲에 輝今耀古어니와 若是操心이 不正하며 悟處ㅣ不眞하야 粧粧點點하며 鬪鬪飣飣하야 被人輕輕撈着인댄 未免喚燈籠하야 作露柱하리라 且道하라 如何是實叅實悟底消息고 良久云

南山에 起雲하니 北山에 下雨로다

【요지】

꾸미고 허세를 부리지 말고 진실하게 수행하고 진실하게 깨달을 것을 권하고 끝에 법을 바로 드러내 보였다.

---

152 '상주는 남쪽에 있고 담주는 북쪽에 있다(湘之南潭之北)'는 말과 같은 뜻이다.

11. 신옹거사 홍상사信翁居士 洪上舍에게 보임

대개 참선參禪을 하는 데는 승속僧俗을 불문하고 다만 이 하나의 결정적決定的 믿음이 필요하다. 만약 바로 능히 믿음이 충만하여 잡아 결정하고 작용에 주인공이 되어 오욕五慾에 흔들리지 않기를 쇠말뚝과 같이 할 수 있다면 반드시 정한 기일 내에 공을 이루어 옹기 가운데 자라가 달아날까 두려워하지 않게 될 것이다.[153]

어찌하여 보지 않는가? 화엄회상華嚴會上에서 선재동자善財童子가 110개의 성城을 두루 방문〔歷訪〕하고 쉰세 분의 선지식善知識을 참례參禮하여 무상과無上果를 얻은 것도 또한 이 '믿을 신信'자字 하나를 벗어나지 않았다. 법화회상法華會上에 여덟 살 용녀龍女[154]가 바로 남방의 때 묻지 않은 세계에 가서 구슬을 바치고 성불한 것도 또한

---

153 반드시 성공함을 뜻한다.

154 『법화경法華經』 '제바달다품提婆達多品'에 나오는 사가라 용왕의 딸이다.

이 '믿을 신信'자 하나를 벗어나지 않았다. 열반회상涅槃會上에 이마 넓은 백정[155]이 백정 칼을 내려놓고 나도 이 천불千佛 가운데 하나라고 외친 것도 또한 이 '믿을 신信'자 하나를 벗어나지 않았다. 옛날 아나율타阿那律陀[156]가 부처님의 꾸짖음을 듣고 칠 일을 잠자지 않아서 두 눈을 잃고 대천세계大千世界를 손안의 과일 보듯 한 것도 또한 이 '믿을 신信'자 하나를 벗어나지 않았다. 다시 어린 비구가 늙은 비구를 희롱해서 과위果位를 증득證得시켜 주겠다고 하고 드디어 가죽 공으로 머리를 네 번 때렸는데 곧 (늙은 비구가) 사과四果[157]를 얻은 것도 또한 이 '믿을 신信'자 하나를 벗어나지 않았다. 양기楊岐스님[158]이 자명화상慈明和尙[159]을 뵈었을 때 원주가 되어서 십 년이 지나서 콧구멍을 잃어버리고[160] 진리〔道〕를 천하에 펼친 것도 또한 이 '믿을 신信'자 하나를 벗어나지 않았다.

위로부터 부처와 조사와 같은 분들이 피안彼岸에 뛰어 올라 대법륜

---

155 한자로 광액도아廣額屠兒라고 한다. 사리불舍利佛을 친견하고 바로 칼을 놓고 성불했다는 바라나국의 백정白丁이다.

156 부처님의 사촌동생이며 감로반왕의 아들로 부처님 제자가 되었다.

157 성문승에서 성과를 네 가지로 나눈 것인데 수다원과須陀洹果, 사다함과斯陀含果, 아나함과阿那含果, 아라한과阿羅漢果가 그것이다. 이를 각기 입류入流, 일래一來, 불래不來, 불생不生이라고도 한다.

158 양기방회(楊岐方會, 996-1046)는 자명초원慈明楚圓의 제자이다. 서주瑞州 구봉산九峰山에서 종풍宗風을 크게 날려 양기파楊岐派를 열었다.

159 자명화상(慈明和尙, 986-1039)은 분양선소汾陽善昭에게서 법을 받아 임제의 6세손이 되었다.

160 진무심眞無心이 되는 것이다.

大法輪을 굴려서 중생을 교화하고 이롭게 한 것이 다 이 '믿을 신信'자字 가운데서 나오지 않음이 없었다. 그러므로 믿음은 이 진리〔道〕의 근원이며 공덕功德의 어머니며, 믿음은 이 위없는 부처의 지혜이며 믿음은 능히 영원히 번뇌의 근원을 끊으며, 믿음은 능히 해탈문解脫門을 속히 증득證得할 수 있게 한다고 하였다. 옛날 선성비구善星比丘[161]가 부처님을 모실〔侍奉〕 때 20년을 옆에서 떠나지 않았으나 이 '믿을 신信'자 하나가 없어서 성스러운 진리〔道〕를 이루지 못하고 살아서 지옥에 빠졌다고 한다.

示信翁居士洪上舍 其十一

大抵參禪은 不分緇素하고 但只要一箇決定信字니라 若能直下信得及하야 把得定作得主하고 不被五欲所撼을 如箇鐵橛子相似하면 管取剋日成功호대 不怕甕中走鼈하리라 豈不見가 華嚴會上에 善財童子ㅣ歷一百一十城하야 叅五十三善知識하야 獲無上果도 亦不出者一箇信字며 法華會上에 八歲龍女ㅣ直往南方無垢世界하야 獻珠成佛도 亦不出者一箇信字며 涅槃會上에 廣額屠兒ㅣ放下屠刀하고 唱言我是千佛一數도 亦不出者一箇信字며 昔有阿那律陀ㅣ因被佛訶하야 七日不睡에 失去雙目하고 大千世界를 如觀掌果도 亦不出者一箇信字며 復有一小比丘ㅣ戲一老比丘하야 與證果位라하고 遂以皮毬로 打頭四下에 卽獲四果도 亦不出者一箇信字며 楊岐ㅣ叅慈明和尙할새 令充監

---

161 부처님 사촌동생으로 아난 이전에 부처님을 20년간 시봉했다.

事하야 以至十載에 打失鼻孔하고 道播天下도 亦不出者一箇信字라 從上若佛若祖ㅣ超登彼岸하사 轉大法輪하야 接物利生이 莫不皆由此一箇信字中流出이니 故로 云信是道元功德母며 信是無上佛菩提며 信能永斷煩惱本이며 信能速證解脫門이라하시니 昔有善星比丘ㅣ侍佛할새 二十年을 不離左右호대 盖謂無此一箇信字하야 不成聖道하고 生陷泥犁하니라

오늘 신옹거사는 비록 부귀한 환경에 살고 있으나 능히 이와 같이 결정적 믿음을 갖추었다. 작년 임오년壬午年에 산에 올라와 만나려 하다가 받아들여지지 않자[162] 돌아가고 또 다음해 겨울에 직옹거사直翁居士와 함께 방문해서 비로소 문 안에 들어왔다. 지금 또 한해를 지나 양식을 싸 가지고 특별히 와서 서로 만나 계戒 받기를 빌며 제자 되기를 원하였다. 그래서 며칠 동안 그 이유를 힐문詰問해 보니[163] 확실히 돈독敦篤한 믿음과 진리〔道〕를 향하는 뜻이 있었다.

『유마경維摩經』에 이르되 '높은 언덕과 육지에는 연꽃이 나지 않고, 낮고 습하고〔低濕〕 더러운 곳에 이 연꽃이 난다.'[164]고 하니 정히 이를 두고 말하는 것이다! 내〔山僧〕가 이 때문에 어루만져서 힘을 덜고 쉽게 닦을 수 있는, 일찍이 증명된 '만법은 하나로 돌아가는데

---

162 고봉선사가 만나주지 않은 것은 주관과 객관을 초월한 경지에서 보인 최상의 법문이다.

163 바른 믿음과 동기를 가지고 공부할 수 있도록 옛 선지식들이 찾아온 제자들에게 왜 불법을 믿으며 왜 공부하려는지를 캐묻는 것이니다.

164 유마거사가 자기 딸〔月山〕이 공부 잘 하는 것을 칭찬한 말이다.

하나는 어디로 돌아가는가?〔萬法歸一一歸何處〕'라는 화두를 두 손으로 내어 주니 결정코 능히 이렇게 믿어 가며 곧 이렇게 의심해 가라.

의정疑情은 믿음으로써 근본(根本, 體)을 삼고 깨달음은 의정으로써 작용作用을 삼는다는 것을 반드시 알아야 한다. 믿음이 십분十分이면 의정이 십분이고 의정이 십분이면 깨달음이 십분이다. 비유하건대 물이 불어나면 배가 높아지고 진흙이 많아지면 불상이 커지는 것과 같다. 서천西天과 이 땅에[165] 고금의 선지식善知識들이 이 한 덩어리의 광명을 비추되〔發揚〕 다만 이 한 개의 의정을 해결하지 않음이 없었다. 천 가지 만 가지 의정이 다만 이 하나의 의정이니 이 의정을 해결하면 다시 남은 의정이 없게 된다. 이미 남은 의정이 없다면 곧 석가釋迦나 미륵彌勒, 유마거사維摩居士나 방거사龐居士와 더불어 더하지도 않고 덜하지도 않으며, 둘도 없고 다른 것도 없게 되어 같은 눈으로 보며 같은 귀로 들으며 꼭 같이 생활에 수용受用하며 꼭 같이 출몰出沒해서 천당과 지옥에 뜻 가는 대로〔任意〕 소요逍遙하며, 호랑이 굴과 마군魔軍의 집에 종횡縱橫하되 걸림이 없으며 자유자재自由自在하여 움직임에 맡기며, 움직임에 맡겨 자유자재하게 된다. 그러므로 『열반경涅槃經』에 이르기를 '생멸生滅이 사라지면 적멸寂滅이 즐거움이 된다.'고 하니 반드시 이 즐거움은 망념妄念이 옮겨 모인 정식情識의 즐거움[166]이 아니라 참되고 깨끗한〔眞淨〕 무위의 즐거움[167]일 뿐이라는 것을 알아야 한다. 공자는 '저녁에 죽어도

165 인도와 중국을 말한다.

166 적적성성寂寂惺惺이 아닌 적적寂寂만 있는 정신통일의 즐거움이다.

이 한 가르침〔法〕의 뜻〔落處〕을 알고자 한다면, 다른 사람과 사생결단死生決斷의 원수를 맺은 것과 같이, 마음이 급하고 답답하여 곧 한 칼로 두 동강을 내서 비록 잠깐 사이와 넘어지고 자빠지는 순간에도 다 맹렬하고 예리하게 채찍을 사용해야 한다. 만약에 의심하지 아니해도 저절로 의심이 나서 자나 깨나 잃지 않으며, 눈이 있어도 소경과 같고 귀가 있어도 귀머거리와 같아서 보고 듣는 구덩이에 빠지지 않고자 하더라도 오히려 아직은 주관〔能〕과 객관〔所〕을 초월하지 못하고 추구하는 마음〔偸心〕을 끊지 못한 것이다. 간절하게 정진하는 가운데 정진을 배가하여 다만 가도 가는 줄을 모르고 앉아도 앉은 줄을 모르며 동과 서를 분별하지 못하고 남과 북을 분간하지 못하여 한 가지도 감정에 걸림을 볼 수 없는 것이 마치 구멍 없는 쇠몽둥이와 같아서 의심하는 주체와 의심하는 대상, 속마음과 바깥 경계가 둘 다 없어지고 둘 다 사라져서 없다는 그 없다는 것도 또한 없어진다.[174] 이 안〔裏〕에 이르러서는 다리를 들고 다리를 내리는 곳에 대해大海를 밟아 뒤집어엎으며 수미산須彌山을 차서 무너뜨리는 것도 간절히 꺼리고,[175] 좌우상하로 움직일 때에 달마의 눈동자를 부딪쳐 멀게

---

173 의심이 간단없이 지속되는 것을 말한다.

174 제팔식第八識, 가무심假無心, 숙면일여熟眠一如를 말한다.

175 안진호는 '밟아 뒤집는다고 말한 것은 공부가 지극한 자리에서 나오는 신통묘용神通妙用이니 신통묘용은 공부하는 사람의 말변末邊의 일이기 때문에 빨리 효험을 얻겠다는 마음을 내어서는 안 된다.(踏翻云云 是工夫極則處神通妙用 神用 是工夫人末邊事故 莫生速效之心也)'고 잘못 보았다. 이 부분은 능소能所와 내외內外가 없다는 그 없는 가무심(假無心, 大死)을 투과透過하여〔見性〕 활발하

하고 석가의 콧구멍을 부딪쳐 깨어 버리는 것을 비추어 돌아본다.[176]

혹 그렇지 못하다면 다시 설명〔注脚〕을 더해 주겠다.[177]

어떤 스님이 조주화상趙州和尙에게 물었다.

"만법萬法은 하나로 돌아가는데 하나는 어디로 돌아갑니까?"

조주가 말했다.

"내가 청주에 있을 때 베적삼 한 벌을 만들었는데 무게가 일곱 근이었다."

스승이 이르시기를 "점잖은 조주趙州여, 진흙을 묻히고 물에 젖도다![178] 다만 저 승려에게 의정疑情을 끊어 주지 못했을 뿐 아니라, 또한 천하의 납자衲子를 속여서 죽어 갈등〔言句〕 속에 빠져 있게 했다."고 하였다.

나〔西峰〕는 그렇지 않겠다. 오늘 갑자기 어떤 사람이 묻기를 "만법萬法은 하나로 돌아가는데 하나는 어디로 돌아가는가?" 하면 그에게 말하기를

"개가 뜨거운 기름 솥을 핥는다."[179]고 하겠다.

게 작용하는 것도 다시 부정한 것〔切忌〕이기 때문이다.

176 활발발活潑潑한 석가, 달마의 자유자재하는 활活도 다시 부정·향상하는 것을 뜻한다.

177 가무심假無心을 투과透過하여 크게 죽었다가 다시 살아나거나〔大死却活〕 활活에서 다시 살殺로 돌아가서 살활자재하지 못하면 다시 가르침을 주겠다는 뜻이다.

178 조사祖師의 교화방편행敎化方便行도 본분사의 입장에서 보면 잘못되었다는 것을 말한다.

179 '유구무구有句無句가 나무에 의지한 것과 같다.'는 말과 뜻이 같다.

"신옹信翁 신옹信翁아, 만약에 이 속을 향하여 둘러메고 간다면[180] 다만 '이 믿을 신信'자字 하나도 또한 눈 속의 티끌이다.[181]"

直欲發大信起大疑하야 疑來疑去에 一念萬年이며 萬年一念이라 的的要見者一法子落着인댄 如與人으로 結了生死冤讎相似하야 心憤憤地卽欲便與一刀兩段하야 縱於造次顚沛之際라도 皆是猛利着鞭之時節이니라

若到不疑自疑하야 寤寐無失하며 有眼如盲하고 有耳如聾하야 不墮見聞窠臼라도 猶是能所未忘하며 偸心未息이니라 切宜精進中에 倍加精進하야 直敎行不知行하고 坐不知坐하며 東西不辨하고 南北不分하야 不見有一法可當情호미 如箇無孔鐵鎚相似하야 能疑所疑와 內心外境이 雙忘雙泯하야 無無亦無니라 到者裏하야는 擧足下足處에 切忌踏翻大海하며 踢倒須彌하고 折旋俯仰時에 照顧觸瞎達磨眼睛하고 磕破釋迦鼻孔이니라

其或未然인댄 更與添箇注脚호리라 僧問趙州和尙호대 萬法歸一이어니와 一歸何處닛고 州云我在青州하야 作一領布衫호니 重이 七斤이라하니 師 | 云大小趙州여 拖泥帶水로다 非特不能爲者僧하야 斬斷疑情이라 亦乃賺天下衲僧하야 死在葛藤窠裡로다 西峰則不然하야 今日에 忽有人이 問萬法歸一이어니와 一歸何處오하면 只向他道호대 狗舐熱油鐺이라호리니 信翁信翁아 若向者裡하야 擔荷得去인댄 只者一箇信

180 방하착放下着의 상대되는 말이다.

181 이 경지에 이르면 신信자도 병이 된다.

字도 也是眼中着屑이니라

【요지】

참구參究하는 데에 한결같은 바른 믿음과 의정疑情이 중요하다는 것을 강조하고, 은산철벽銀山鐵壁을 투과하여 한 의정을 타파하면 모든 의정이 함께 해결되어 석가나 미륵과 동일한 경지를 수용하게 된다는 것을 말했다. 살활자재殺活自在하는 경지에서는 믿음도 또한 눈 가운데 먼지 가루와 같다고 경계했다. 그런데 이 글의 내용에서 참구하여 주객이 하나 되어 구멍 없는 쇠몽둥이〔無孔鐵錐〕와 같은 은산철벽을 투과한〔見性〕 후 살활 자유자재하는 과정을 신통묘용으로 본 안진호의 주해는 선적 안목이 없는 데서 나온 잘못된 해석이다.

12. 대중에게 보임

형제들이 10년, 20년으로부터 일생에 이르도록 세상 인연을 끊고 다만 이 일을 밝히려 했으나 뚫고 벗어나지 못하는 것은 병이 어디에 있는가? 본분 납자本分衲子들은 시험하여 잡아내 보라.

지난 세상〔宿世〕의 선근善根이 없는 것은 아닌가?

눈 밝은 스승〔明眼宗師〕을 만나지 못한 것은 아닌가?

한 번 볕 쬐고 열 번 차게 한 것(공부에 게으른 것)은 아닌가?

능력〔根機〕이 부족하고 의지意志가 미약微弱한 것은 아닌가?

세상의 고통〔塵勞〕에 빠진 것은 아닌가?

공적空寂에 빠지고 걸린 것은 아닌가?

삿된 견해〔雜毒〕가 마음에 들어간 것은 아닌가?

시절時節이 아직 이르지 않은 것은 아닌가?

화두話頭를 의심하지 않는 것은 아닌가?

얻지 못했으면서 얻었다고 말하며 증득證得하지 못했으면서 증득했다고 말하는 것은 아닌가?[182]

만약 근본병〔膏肓之病〕을 논의한다면 이 안에 있지 아니하다. 이미 이 안에 있지 않다면 필경 어디에 있는가? 돌咄! 앉아 있는 바로 그 자리다![183]

示衆 其十二

兄弟家ㅣ十年二十年으로 以至一生히 絶世忘緣하고 單明此事호대 不透脫者는 病在於何오 本分衲僧은 試拈出看하라 莫是宿無靈骨麽아 莫是不遇明師麽아 莫是一曝十寒麽아 莫是根劣志微麽아 莫是汨沒塵勞麽아 莫是沈空滯寂麽아 莫是雜毒入心麽아 莫是時節未至麽아 莫是不疑言句麽아 莫是未得謂得하며 未證謂證麽아 若論膏肓之疾인댄 總不在者裡니라 旣不在者裏인댄 畢竟在甚麽處오 咄 三條椽下와 七尺單前이로다

---

182 이상 열 가지는 주관과 객관이 벌어진 상태에서 생긴 병이다.

183 안진호는 이 부분을 '삼조운운한 것은 병을 지칭한 것이니 다만 해태懈怠함에 부림을 받아 공부를 하지 않는 것이다.(三條云云 但使於懈怠 不能用工也)'라고 하였다. 게을러서 공부 안 한다는 내용은 이미 앞의 공부 안 되는 열 가지 이유 가운데 나와 있는데, 안진호는 이것을 보지 못했을 뿐만 아니라 이 부분을 근본 종지에 어긋나게 해석하여 오류를 범했다. 왜냐하면 앞에 제시한 열 가지 병이 주객이 벌어진 데서 생긴 병이라면 이 부분의 병은 주관과 객관이 벌어지기 이전에 생긴 근원적인 병이기 때문이다. 주객이 벌어지기 이전의 병을 달리 근본병根本病, 모병毛病, 고황지병膏肓之病이라고도 한다.

만약 이 일을 논의한다면 하나의 높은 산을 오르는 것과 같다. 삼면三面[184]은 평이平易하여 잠깐 동안에 오를 수 있어 지극히 힘을 덜고 지극히 편리하지만, 만약 빛을 돌이켜 안으로 비추어 보고〔回光返照〕 점검한다면 귀는 여전히 두 조각 가죽이며 치아는 여전히 하나의 뼈이다.[185] (본분사와) 무슨 상관이 있으며 무슨 쓸 데가 있겠는가? 만약 구름을 잡고 안개를 움켜쥐는 수행인이라면 결정코 저 여우 굴에 떨어져 자기의 신령한 빛을 묻어버리지 말며 출가한 본뜻을 저버리지 말라. 곧 한 면의 깎아지른 낭떠러지와 가파른 절벽의 그 발붙일 수 없는 곳을 향하여 부처와 조사를 초월하는 마음을 세우며 오랫동안 변하지 않는 뜻을 갖추어서, 오르고 못 오르고 얻고 못 얻고를 묻지 말고 오늘도 목숨을 버리고 뛰어 오르며 내일도 목숨을 버리고 뛰어 올라서, 뛰어가고 뛰어옴에 사람과 법을 다 잊으며 마음의 길이 끊어지는 데에 이르러[186] 문득 대지를 밟아 뒤집고 허공을 쳐부수면[187] 원래 산이 곧 자기이며 자기가 곧 산이니 산과 자기도 오히려 이 원수 집이다. 만약 납자衲子의 향상파비向上巴鼻를 끝까지 참구參究하고자 한다면 다만 자리조차 타방 세계로 날려야[188] 비로소 옳다.

---

184 교학에 의지하고〔依敎〕, 이론으로 계교하는 것을 말한다〔計理〕.

185 공부에 진취가 없다는 말이다.

186 은산철벽銀山鐵壁. 가무심假無心을 뜻한다.

187 대사각활大死却活을 뜻한다.

188 살殺하면 도리어 활活이 되고 활하면 도리어 살이 되어 어디에도 걸림 없이 자유자재自由自在하여 자취를 남기지 않는다는 말이다.

若論此事인댄 如登一座高山相似하니 三面은 平易하야 頃刻可上이라 極是省力이며 極是利便이어니와 若曰回光返照하야 點檢將來인댄 耳朶依前兩片皮며 牙齒依舊一具骨이라 有甚交涉이며 有甚用處리요 若是拏雲攫霧底漢子인댄 決定不墮者野狐窟中하야 埋沒自己靈光하며 辜負出家本志하고 直向那一面懸崖峭壁無摟泊處하야 立超佛越祖心하며 辦久久無變志하야 不問上與不上과 得與不得하고 今日也拚命跳하며 明日也拚命跳하야 跳來跳去에 跳到人法俱忘하며 心識路絶하야 驀然踏翻大地하며 撞破虛空하면 元來山卽自己며 自己卽山이리니 山與自己도 猶是冤家니라 若要究竟衲僧의 向上巴鼻인댄 直須和座하야 颺在他方世界하야사 始得다

1·2·3·4와 4·3·2·1이[189] 갈고리와 자물쇠가 고리사슬처럼 이어져서 은산철벽銀山鐵壁이다. 엿보아 타파打破해 버리고 뛰어서 벗어나면[190] 대천사계大千沙界가 바다 가운데 거품이고 일체의 성현聖賢이 번갯불 치는 것이다. 만약 엿보아 타파하지 못하고 뛰어 벗어나지 못하면 간절히 하늘을 뒤집고 땅을 뒤엎으며 소굴을 벗어나서[191] 문득 '하나는 어디로 돌아가는가?'라는 화두에 나아가 동쪽에서 치고 서쪽에서 두드리며 종횡으로 핍박逼迫해서 핍박해 가고 핍박해 옴에,

---

189 '1·2·3·4'는 작용〔放行〕이고, '4·3·2·1'은 비작용〔捏取〕이다.

190 대사각활大死却活이다.

191 세속적 일상사를 버린다는 말이다. 밖으로 모든 인연을 쉰다(外息諸緣)는 말과 같다.

핍박하여 머물 수 없고 어찌할 수 없는 곳까지 가서[192] 진실로 거듭 맹렬함과 날램을 더하여 몸을 한번 뒤집어 던지면[193] 흙덩어리와 진흙 덩어리가 다 성불成佛해 있을 것이다. 만약 삼키지도 뱉지도 못하며 반은 들어오고 반은 나가기를 뱀이 두꺼비 삼키는 것과 같이 하면 나[西峰]는 당나귀 해가 되어야 비로소 옳다고 감히 말하겠다.[194]

一二三四와 四三二一이 鉤鎖連環하야 銀山鐵壁이라 虛見得破跳得出하면 大千沙界海中漚요 一切聖賢이 如電拂이니라 若是虛見不破跳不出인댄 切須翻天覆地하며 離巢越窟하고 便就一歸何處上하야 東擊西敲하며 橫逼竪逼하야 逼來逼去에 逼到無棲泊不奈何處하야 誠須重加猛利하야 翻身一擲하면 土塊泥團이 悉皆成佛이니라 若是不尢兼不尢兼하며 半進半出을 蛇吞蝦蟆인댄 西峰은 敢道驢年이라사 始得다호리라

【요지】

주객이 벌어진 뒤의 지말병枝末病과 주객이 벌어지기 이전의 근본병根本病을 먼저 말했다. 안진호가 주해에서 근본병을 지말병으로 잘못 본 것은 종지宗旨에 어긋나는 일이다. 구름을 잡고 안개를 움키는 수행인처럼 용맹심을 가지고 공부할 것을 권했다. 이런 공부를 통하

---

192 간난없이 지속적으로 공부를 해서 가무심假無心에 이른다는 말이다.

193 전신이보轉身移步 혹은 대사각활大死却活을 말한다.

194 당나귀 해가 없듯이 영원히 깨닫지 못한다는 말이다.

여 크게 죽었다가 다시 살아나서 살활 어디에도 걸림이 없이 자유자재할 것을 말했다.

13. 결제에 대중에게 보임

불자拂子를 가지고 ∴과 三을 그리시고[195] 대중은 도리어 알겠는가? 만약 안다면 여래선如來禪과 조사선祖師禪, 율극봉栗棘蓬[196]과 금강권金剛圈[197], 오위편정五位偏正[198], 삼요三要[199]와 삼현三玄[200]을 꿰뚫지 못할 것이 없으며 근원을 궁구하지 못할 것이 없을 것이다. 이 속에 이르러서는 무슨 장기長期와 단기短期를 말하며 공관空觀과 가관假觀[201]을

---

195 대기원응大機圓應과 대용직절大用直截이다.

196 밤송이로서 마시기 어려운 것을 말한다.

197 금강으로 된 울타리로서 뚫기 어려운 것을 뜻한다.

198 조동종曹洞宗에서 수행인에게 보인 다섯 가지의 법으로서 정중편正中偏·편중정偏中正·정중래正中來·편중지偏中至·겸중도兼中到가 바로 이것이다.

199 임제종에서 말하는 대기원응大機圓應·대용직절大用直截·기용제시機用齊示를 말한다.

200 임제종에서 나타낸 가르침 세 강목綱目. 체중현體中玄, 구중현句中玄, 현중현玄中玄을 말한다.

말하겠는가? 생각을 얻음과 생각을 잃음[202]이 해탈 아님이 없으며 법을 이룸과 법을 깨뜨림[203]이 다 열반이다.

만약에 알지 못한다면[204] 너희들 한 무리가 이미 각각 양식을 싸가지고 큰마음을 내서 왔으니, 90일 가운데 열두 시간 안에 간절하고 자세하며 삼가하고 두려워해서 도달함과 도달하지 못함, 얻음과 얻지 못함을 묻지 말고 짚신을 끌어매며 다리를 부지런히 움직여[205] 얼음 모서리 위를 가고 칼날 위를 달려가는 것과 같아야 한다. 목숨을 버리고 몸을 잊고 다만 이렇게 가야 한다. 겨우 물이 다하고 구름이 다한 곳과 연기가 사라지고 불이 꺼진 때[206]에 이르면 문득 본지풍광本地風光을 밟아서 반드시 부처와 조사를 뛰어 넘을 것이다. 바로 넉넉히 이와 같이 깨달아 가더라도 오히려 법신法身의 주변 일[207]이다. 만약에 법신향상法身向上의 일을 말하자면 꿈에도 못 보았으니 무슨 까닭인가? 천리를 보고자 한다면 다시 누각 한 층을 더 올라가야 된다.[208]

---

201 용수보살 『중론中論』에 나오는 삼제원융三諦圓融의 공관空觀, 가관假觀, 중관中觀을 말한다.

202 유상무상有想無想을 뜻한다.

203 연기의 순관과 역관. 즉 살활殺活이다.

204 여기서는 '∴과 三을 알지 못하면'이라는 뜻이다.

205 수행修行을 열심히 하는 것을 말한다.

206 은산철벽銀山鐵壁을 뜻한다.

207 살殺을 뜻한다.

208 전신자재轉身自在를 뜻한다.

結制示衆 其一三

以拂子로∴과 三을 畫하고 大衆은 還會麽아 若也會得인댄 如來禪祖師禪과 栗棘蓬金剛圈과 五位偏正과 三要三玄을 無不貫串하며 無不窮源하리니 到者裡하야는 說甚長期短期며 空觀假觀이리요 得念失念이 無非解脫이며 成法破法이 皆名涅槃이니라

若也不會인댄 汝等一衆이 旣是各各齎粮裹糝하고 發大心來라 九十日中十二時內에 切切偲偲하며 兢兢業業하야 莫問到與不到와 得與不得하고 牽絆草鞋하며 緊着脚頭하야 如冰稜上行과 釰刃上走하야 捨命忘形하고 但恁麽去니라 纔到水窮雲盡處와 烟消火滅時하면 驀然踏着本地風光하야 管取超佛越祖하리라 直饒恁麽悟去라도 猶是法身邊事라 若曰法身向上事인댄 未夢見在니 何故오 欲窮千里目인댄 更上一層樓니라

【요지】

깨달은 사람의 자유자재한 면모를 먼저 말하고, 아직 깨닫지 못한 사람에게는 결제를 맞아 간절하고 자세하며 삼가고 두려워해서 칼날과 얼음 모서리 위를 가듯이 목숨을 아끼지 말고 수행하여 불조佛祖를 뛰어 넘을 것을 권했다. 여기에 더하여 향상사向上事의 입장에서 깨달음에도 자유자재해야 함을 보였다.

14. 대중에게 보임

만약에 참선의 요점을 논의한다면, 자리〔蒲團〕에 집착하는 것으로 공부를 삼아 혼침昏沈과 산란散亂 가운데 떨어지며, 편안하고 조용한 가운데 떨어져 있으면서 모두 다 느끼지도 못하고 알지도 못해서는 안 된다. 다만 헛되이 세월만 보낼 뿐만 아니라 시주施主의 공양을 삭이기 어렵다. 하루아침에 눈빛이 떨어질 때[209]에 필경 무엇에 의지할 것인가? 내〔山僧〕가 옛날 대중 가운데 있으면서 두 끼 죽과 밥〔粥飯〕 먹을 때를 제외하고는 일찍이 자리에 앉지 않았다. 다만 아침부터 저녁까지 동쪽으로 가고 서쪽으로 가서 걸음걸음 떠나지 않고 마음과 마음이 끊어짐이 없었다. 이와 같이 삼 년을 지내며 일찍이 한 생각도 게으른 생각이 없다가 하루는 문득 자기 집에 이르니 원래 조금도

---

209 죽을 때를 말한다.

옮기지 않았다.[210]

示衆 其一四

若論叅禪之要인댄 不可執蒲團爲工夫하야 墮於昏沈散亂中하며 落在輕安寂靜裡하야 揔皆不覺不知니 非唯虛喪光陰이라 難消施主供養이리라 一朝眼光落地之時에 畢竟將何所靠오 山僧이 昔年在衆에 除二時粥飯하고 不曾上蒲團하야 只是從朝至暮하며 東行西行하야 步步不離하며 心心無間하야 如是經及三載호대 曾無一念懈怠心이라가 一日에 驀然踏着自家底호니 元來寸步不曾移러라

혼침도거昏沈掉擧와 희로애락喜怒哀樂이 곧 이 진여불성眞如佛性이며 지혜해탈智慧解脫이지만은 다만 이 사람을 만나지 못한 연유로 제호醍醐 상급上級의 맛이 도리어 독약이 되었다. 영리한 사람이 가령 넉넉히 곧바로 그 잘못됨을 알아 온몸〔全身〕으로 메고 가더라도 다만 좋게 아침에 삼천 대를 때리고 저녁에 팔백 대를 때릴 것이니 무슨 까닭인가? 말하는 것을 어찌 듣지 못했는가? '알 지知'자 한 자字가 모든 재앙의 문이다.[211]

---

210 본래 완성되어 있는 그 자리는 깨닫기 이전과 깨달은 이후가 조금도 다르지 않다는 말이다.

211 황룡사심선사黃龍死心禪師의 말이다. '알 지知자 한 자가 뭇 오묘함의 문이다.(知之一字重妙之門)'라는 하택신회荷澤神會의 말과는 반대의 표현이다.

昏忱掉擧와 喜怒哀樂이 卽是眞如佛性이며 智慧解脫이언만은 只緣不遇斯人하야 醍醐上味ㅣ翻成毒藥이로다 靈利漢이 假饒直下知非하야 全身擔荷라도 正好朝打三千하고 暮打八百이니 何故오 豈不見道아 知之一字ㅣ衆禍之門이니라

만약 이 일을 논의한다면 모기가 쇠로 된 소에 오르는 것과 같다. 다시 어떤가를 묻지 않고 문득 주둥이를 내릴 수 없는 곳[212]을 향하여 생명을 버리고 한 번 뚫어서 온몸이 뚫고 들어가야 한다. 정히 이러한 때에는 백천만억의 향수 바다 가운데 있는 것과 같아서 가져도 다함이 없고 써도 마르지 아니할 것이다. 만약에 뜻이 견고하지 않고 마음이 한결같지 않아서 일없이 세월만 보내며 동서로 다니기만 한다면 넉넉히 너희가 날아서 비비상非非想의 하늘에 이르더라도 옛날과 같이 다만 이 굶은 모기[213]일 뿐이다.

若論此事인댄 如蚊子ㅣ上鐵牛相似하니 更不問如何若何하고 便向下觜不得處하야 拌命一鑽하야 和身透入이니라 正恁麽時에 如處百千萬億香水海中하야 取之無盡하며 用之無竭이어니와 設使志不堅心不一하야 悠悠漾漾하며 東飛西飛인댄 饒你飛到非非想天이라도 依舊只是箇餓蚊子리라

---

212 말길이 끊어지고 생각의 길이 끊어진 은산철벽銀山鐵壁을 뜻한다.

213 밖으로 찾아 헤매는 '빈궁걸아貧窮乞兒'와 같다는 말이다.

【요지】

부지런하고 한결같이 수행하여 삼 년을 지나 집에 이른 고봉선사 당신의 경우를 말하고, 모기가 쇠 소를 뚫듯이 확고한 뜻을 가지고 공부할 것을 권했다. 그리고 편안하고 조용한 데 떨어져 있거나 한결같이 열심히 하지 않는 것을 경계했다.

15. 단오에 대중에게 보임

삼십 년 동안[214] 누운 풀〔橫草〕도 잡지 않고 선 풀〔竪草〕도 밟지 않고 다만 쾌활快活한 무우산無憂散을 한 번 복용했더니 그 약이 비록 작았으나 나타난 효험은 지극히 컸다. 부처라는 병〔佛病〕과 조사라는 병〔祖病〕, 마음병〔心病〕과 선병禪病, 범부라는 병〔凡病〕과 성인이라는 병〔聖病〕, 생병生病과 사병死病, 옳다는 병〔是病〕과 그르다는 병〔非病〕을 불문하고 선객禪客의 한 터럭 병〔毛病〕[215]만을 제외하고는 듣거나 보는 자가 영험靈驗함을 얻지 아니함이 없었다. 또한 무엇을 불러 터럭 병〔毛病〕이라고 하는가? (한참 말이 없다가〔良久〕 이르기를) 각자 돌아가서 점검해 보라.

---

214 살殺, 활活, 살활동시殺活同時를 말한다.

215 불병佛病에서 비병非病까지는 주관과 객관이 벌어진 상태에서 생긴 병이고, 모병毛病은 주관과 객관이 벌어지기 이전에 생긴 근본 병이다.

端陽示衆 其一五

三十年來에 橫草不拈하며 竪草不踏하고 單單只合得一服快活無憂散호니 其藥이 雖微나 奏功이 極大라 不問佛病祖病과 心病禪病과 凡病聖病과生病死病과 是病非病하고 除禪和子의 一種毛病之外에 聞者見者ㅣ無不靈驗이니라 且喚甚麽하야 作毛病고 良久云 各請歸堂하야 點檢看하라

【요지】

부처병〔佛病〕과 조사병〔祖病〕, 마음병〔心病〕과 선병禪病, 범부병〔凡病〕과 성인병〔聖病〕, 생병生病과 사병死病, 옳다는 병〔是病〕과 그르다는 병〔非病〕 등과는 전혀 다른 근본병인 모병毛病을 깨달아 가도록 가르침을 표현했다.

16. 대중에게 보임

만약 착실着實한 선禪수행을 말하자면 결정코 세 가지 요소를 갖추어야 한다.

첫 번째 요소는 큰 믿음이다. 이 일은 하나의 수미산須彌山을 의지하는 것과 같다는 것을 분명히 알아야 한다.

두 번째 요소는 큰 분지憤志다. 아버지 죽인 원수를 만나서 바로 한 칼로 두 동강을 내고자 하는 것과 같다.

세 번째 요소는 큰 의정疑情이다. 암암리暗暗裡에 한 개의 아주 중요한 일을 해 마치고 꼭 드러내고자 하나 드러내지 못할 때와 같다. 열두 때 안에 과연 능히 이 세 가지 요소를 갖출 것 같으면 반드시 기한 내에 공을 이루어 옹기 가운데 자라 달아날까 두려워하지 않게 될 것이다. 진실로 그 하나라도 빠지면 비유하건대 다리 부러진 솥이 마침내 못 쓰는 도구가 되는 것과 같다. 그러하기가 비록 이와 같으나[216] 나〔西峰〕의 구덩이에 (반드시) 떨어져 있으니 또한 건지지 아니할 수 없다! 돌咄![217]

示衆 其一六

若謂着實叅禪인댄 決須具足三要니라 第一要는 有大信根이니 明知此事ㅣ如靠一座須彌山이요 第二要는 有大憤志니 如遇殺父寃讎하야 直欲便與一刀兩段이요 第三要는 有大疑情이니 如暗地에 做了一件極事하야 正在欲露未露之時니라 十二時中에 果能具此三要인댄 管取克日功成하야 不怕甕中走鼈이어니와 苟闕其一인댄 譬如折足之鼎이 終成廢器니라 然雖如是나 落在西峰坑子裡하야는 也不得不救로다 咄하노라

(주장자를 잡고 이르기를) 이 일착자一着子[218]를 위로 부처와 조사가 구하되 비록 천 가지 마군魔軍과 만 가지 어려움, 만 번 죽음과 천 번 태어남을 겪더라도 물이 동쪽으로 흘러 바다에 도달하지 않고는 결정코 그치지 아니하는 것과 같았다.[219] 이것으로 미루어 보면 크게

---

216 '세 가지 요소를 다 갖추어 수행을 잘 하더라도'라는 뜻이다.

217 대신근大信根, 대분지大憤志, 대의정大疑情의 세 가지 요소를 갖추어 열심히 공부한다 하더라도 서봉스님의 구렁텅이에 반드시 떨어져 있기 때문에 구하지 않을 수 없다. '돌咄!'이라고 한 것은 향하구向下句를 부정하고 향상구向上句에서 살활 자유자재함을 보인 것이다.

218 유무를 초월한 본분사를 들어 보인 것이다.

219 순간에 도달하건 시간이 걸려서 도달하건 반드시 은산철벽銀山鐵壁에 이르지 않으면 깨닫지 못한다는 뜻이다.

용이容易하지 않다. 만약 쇠붙이에 점을 찍어 금을 만들어서[220] 모든 성인들과 경지가 같고자 한다면, 어찌 얕은 지식과 좁은 소견所見을 가진 자가 능히 헤아리고 논의할 수 있겠는가? 바로 모름지기 솥을 들고[221] 산을 뽑는 힘[222]과 하늘을 덮고 땅을 싸는 국량[223]과 못을 끊고 쇠를 자르는 기틀과 봉황을 치고 용을 잡는 수단을 갖추어야 한다. 과연 이와 같은 지조와 지략이 있다면 주장자를 가지고 도와서 기틀을 발휘하게 하겠다. (주장자를 한 번 내리고) 의기意氣가 있을 때 의기를 더해 준다.[224] (또 주장자를 내리고 이르기를) 풍류하지 않는 곳에 또한 풍류한다. 만약에 다리를 저는 자라와 눈먼 거북이라면 다만 뛰기를 한 번 뛰고 두 번 뛰어 기량이 이미 다할 것이니 나[西峰]의 문하에서는 다 쓰더라도 소용이 없다. (시자를 불러 주장자를 건네주고 이르기를) 사자암師子巖에 보내서 동쪽으로 솟고 서쪽으로 빠지는 데 맡겨두라.[225]

拈主丈云 者一着子를 從上佛祖ㅣ求之호대 雖歷千魔萬難과 萬死千生이라도 如水東流하야 不到滄溟하야는 決定不止시니 以此推之컨댄 大

220 쇠에 점을 찍으면 일시에 쇠덩어리가 온전히 금덩어리로 변한다는 것은 순간 깨침을 뜻한다.

221 진비晉鄙와 오획烏獲이 오천 근五千斤의 솥을 들었던 고사에 나온다.

222 산을 뽑는 기상을 가졌던 힘센 항우項羽를 말하여 공부하는 데 용기와 힘이 필요함을 나타냈다.

223 우의선인羽衣仙人의 사실事實을 말한다.

224 호랑이가 산을 의지하고 용이 물을 만난 것과 같다는 뜻이다.

225 선지식이 교화 행위는 그만 두고 본분사에 자연스럽게 맡기는 것을 말한다.

不容易로다 若要點鐵成金하야 與千聖同域인댄 豈淺識小見者의 所能擬議리요 直須具擧鼎拔山力과 包天括地量과 斬釘截鐵機와 打鳳羅龍手니라 果有如是操略인댄 拄杖으로 助以發機호리라 卓一下云 有意氣時에 添意氣로다 又卓一下云 不風流處에 也風流로다 若是跛鼈盲龜댄 止跳得一跳兩跳에 伎倆이 已盡하리니 西峰門下에 總用不着이로다 度拄杖喚侍者云 送在師子巖頭하야 一任東湧西沒케하라

만약 이 일을 진실하고 바르게 공부하는 것을 논의한다면 결정코 가고 머물고 앉고 눕는 데에 있지 아니하며, 결정코 옷 입고 밥 먹는 데에 있지 아니하며, 결정코 똥 누고 오줌 누는 곳에 있지 아니하며, 결정코 말하고 침묵하고 움직이고 고요한 곳에 있지 아니하다. 이미 그러하기가 이와 같다면 필경 어느 곳에 있는가? "적!"[226] 만약 이 속에서 낙처落處를 안다면 모태母胎에서 나오지 않고 이미 스스로 행각行脚했으며, 이미 스스로 와서 나〔高峰〕을 만났으며, 이미 스스로 마음이 비어서 급제及第했으며, 이미 스스로 중생을 제접提接하여 이롭게 했음을 문득 볼 것이다. 설사 무명無明의 때가 두꺼워 알지〔知覺〕 못한다면 먼저 정定으로 움직이고 뒤에 지혜智慧로 뽑아줌을 면하지 못할 것이다.[227] (한참 말이 없다가〔良久〕 한 번

226 할喝의 한 종류다.

227 태전선사가 한퇴지에게 가르침을 준 이야기다. 이 부분에 대하여 안진호가 '선이운운先以云云한 것은 먼저 정定으로 무명의 두터운 뿌리를 움직이고, 뒤에 지智로써 사견邪見의 빽빽한 숲을 뽑은 것이다.(先以云云 先以定 動無明之厚根 後以智 拔邪見之稠林)'라고 한 설명은 잘못된 것이다. '정定으로 동動한다'

할喝하여 이르기를) 한 무리의 구멍 없는 쇠방망이다.[228]

若論此事의 眞正用工인댄 決定不在行住坐臥處하며 決定不在着衣喫飯處하며 決定不在屙屎放尿處하며 決定不在語默動靜處니라 旣然如是인댄 畢竟在甚麽處오 聻 若向者裏하야 知得落處인댄 便見未出母胎에 已自行脚了也며 已自來見高峰了也며 已自心空及第了也며 已自接物利生了也어니와 設使無明垢重하야 不覺不知인댄 未免先以定으로 動하고 後以智로 拔이니라 良久喝一喝云 一隊無孔鐵槌로다

【요지】

선수행을 하는데 세 가지 필수 요소인 대신근大信根, 대분지大憤志, 대의정大疑情은 어느 하나도 빠져서는 안 된다고 말했다. 그러나 이어서 이 세 가지도 눈 속에 들어간 금가루와 같다는 본분사 입장을 보였다. 아울러 용맹심을 더 갖추라고 하며 여기에 의기를 더해 주겠다고 말했으나 본분사 입장에서 보면 이것도 허물임을 보이고 본래 살활자재한 모습을 드러냈다.

는 말은 대기원응大機圓應이고, '지智로써 발拔한다'는 말은 대용직절大用直截이기 때문이다.

228 면목面目이 없는 자리다.

17. 이통상인理通上人에게 보임

대개 배우는 사람들이 처음부터 본분 작가本分作家[229]를 만나지 못하고 십 년 이십 년을 이곳저곳에서 혹 수행〔參究〕하며 혹 배우며 혹 전달하며 혹 기록하여 남은 국과 쉰 밥,[230] 나쁜 지식과 나쁜 알음알이를 불룩하고 가득하게 뱃가죽 속에 쌓은 것이 꼭 냄새나는 술찌끼를 담은 병과 같다. 만약 요컨대 콧구멍을 가진 사람이 이 냄새를 맡으면 속이 뒤틀려 구토嘔吐하기를 면하지 못할 것이다. 이 속에 이르러 만약 그릇됨을 알고 잘못을 참회하여 별도로 생애를 세우고자 한다면 다만 바닥까지 다 기울여 쏟아내고 세 번 네 번을 씻고 일곱 번 여덟 번을 헹궈내어 말리고 깨끗하게 하여 한 점의 흔적도 없게 하여야 반야般若의 신령한 약을 바야흐로 취향趣向해

229 깨달은 사람을 말한다

230 불조佛祖가 남긴 말일지라도 깨닫지 못하면 남은 국, 쉰 밥이 된다.

나아갈 것이다. 만약 바쁘게 대강대강 하여 제거하고 말리지 못하면 비록 최고품의 제호醍醐를 가득 담더라도 또한 한 병의 더러운 물로 바뀌는 것을 면하지 못할 것이다. 또 말하라. 이익과 손해가 어디에 있는가? 돌咄! 독한 기운이 깊이 침입侵入했다![231]

示理通上人 其一七

大抵學人이 打頭不遇本分作家하야 十年二十年을 者邊那邊에 或叅或學하며 或傳或記호대 殘羮餿飯 惡知惡覺을 尖尖滿滿히 築一肚皮호대 正如箇臭糟瓶相似하니 若要箇有鼻孔底ㅣ聞着인댄 未免惡心嘔吐하리라 到者裏하야 設要知非悔過하야 別立生涯인댄 直須盡底傾出하고 三回四回洗하며 七番八番泡去하야 教乾乾淨淨하야 無一點氣息하야사 般若靈丹을 方堪趣向이어니와 若是忽忽草草하야 打屛不乾인댄 縱盛上品醍醐라도 亦未免變作一瓶惡水리라 且道하라 利害ㅣ在甚麼處오 咄 毒氣深入이로다

【요지】

새로운 것을 담을 때 더러운 병을 씻어 내고 말리듯이 기존의 잘못된 유위有爲의 식견을 철저하고 완전하게 버려서 무위無爲의 식견으로 바꿀 것을 강조하였다. 그러나 끝에서 이런 주장도 도리어 독이 된다고 하여 다시 본분 입장을 드러냈다.

---

231 이통상인에게 보인 모든 말이 독기毒氣가 된다.

18. 대중에게 보임

훌륭한 의원은 병을 다스릴 때 먼저 그 근원을 찾아낸다. 곧 그 근원을 알기만 하면 치료하지 못할 병이 없을 것이다. 선수행을 하는 사람〔禪和子〕이 십 년 이십 년이 되도록 돈독하게 믿고 하나를 지켜 나가지만 생사를 밝히지 못하는 것은 대개 그 근원을 찾지 못했기 때문이다. 나와 남〔人我〕[232]은 곧 생사生死의 뿌리〔根〕이고, 생사는 곧 나와 남의 잎사귀〔葉〕임을 반드시 알아야 한다. 그 잎을 제거하고자 하면 반드시 그 뿌리를 먼저 제거해야 한다. 뿌리가 이미 제거되면 그 잎이 어디에 존재하겠는가? 그러하기가 비록 이와 같으나 이 뿌리가 광대한 겁의 긴 세월 동안 깊고 단단하게 재배되어 왔음을 어찌 알겠는가? 만약에 솥을 들고 산을 뽑는 힘이

232 아상我相과 인상人相을 말한다.

아니면 끝내 끊어 없애기가 어렵다. 주장자의 위광威光을 빌려 특별히 여러 사람들을 위하여 열심히 하게〔熱〕 함을 면하지 못한다. (주장자를 한 번 내리고 한 번 할喝하여 이르기를) 노력을 해도 공이 없도다![233]

示衆 其一八

良醫治病에 先究其根하나니 纔得其根이면 無病不治리라 禪和子ㅣ成十年二十年토록 篤信守一호대 不明生死者는 盖爲不究其根이니라 須知人我는 卽生死之根이요 生死는 卽人我之葉이라 要去其葉인댄 必先除根니 根旣除已면 其葉이 何存이리요 然雖如是나 爭知此根이 從曠大劫來로 栽培深固리요 若非擧鼎拔山之力인댄 卒難勦除라 未免借拄杖子威光하야 特爲諸人出熱去也니라 卓拄杖一下하고 喝一喝云 勞而無功이로다

만약 이 일을 확실하게 공부하는 것을 논의할 것 같으면, 정히 감옥 속에서 사형死刑 당할 죄인이 갑자기 옥졸獄卒이 술에 취하여 잠에 떨어짐을 만나 목의 칼과 족쇄를 두드려 부수고 밤을 이어 달아나되, 길에 비록 지독한 용과 사나운 호랑이가 많더라도 한결같이 곧바로 앞으로만 달려가서 끝내 두려워함이 없는 것과 같다.

---

233 안진호安震湖는 '노력해도 공이 없다고 한 것은 모든 사람이 알지 못하니 주장자를 한 번 내리고 할을 한 번 하는 것이 도리어 수고롭기만 하고 공이 없다.(勞而無功者 諸人不會 一下一喝 反爲勞而無功)'고 잘못 해석했다. 노력해도 공이 없다는 것은 물속에서 물을 찾고 산속에서 산을 찾기 때문이다.

이 무슨 까닭인가? 다만 이 하나의 '간절할 절切'자 때문이다. 공부를 할 때 과연 이 간절한 마음을 가질 수 있다면 반드시 백발백중百發百中할 것이다. 지금 적중한 사람이 있지 않은가? (불자로 선상을 한 번 치고 이르기를) 털끝만큼이라도 어긋나면 하늘과 땅만큼 벌어지게〔天地懸隔〕 될 것이다.

若論此事의 的的用工인댄 正如獄中當死罪人이 忽遇獄子의 醉酒睡着하야 敲枷打鎖하고 連夜奔逃호대 於路에 雖多毒龍猛虎라도 一往直前하야 了無所畏니 何故오 只爲一箇切字니라 用工之際에 果能有此切心이면 管取百發百中하리라 卽今에 莫有中底麽아 以拂子擊禪床一下云 毫釐有差에 天地懸隔이니라

(주장자를 잡고 이르기를) 이 속에 이르러서는 사람과 법이 다 없어지고 심식心識의 길이 끊어진다. 걸음을 옮기면 대해大海가 파도를 일으키고 손가락을 퉁기면 수미산이 높이 솟으며 진흙 덩어리가 큰 광명을 내고 박과 겨울 참외가 치열하게 설법을 한다.[234] 그러하기가 비록 이와 같으나 만약 나〔西峰〕의 문하에 오면 팔은 길고 소매는 짧아서 팔 하나가 노출되는 것을 면하지 못할 것이다.[235]

---

234 안진호는 '진흙 덩어리 등 두 구절은 신통을 밝힌 것이다.(泥團等二句 明神通)'라고 하여 이 부분을 잘못 해석했다. 이 부분은 살殺, 활活, 살활동시殺活同時로 자유자재自由自在하는 것을 뜻한다.

235 주관과 객관을 초월한 자리에서 전신이보轉身移步하여 자유자재하더라도 긴 팔에 소매 짧은 옷을 입은 것과 같다.

다만 모름지기 정수리의 바른 눈을 넓혀서 공겁空劫 이전 자기가 지금의 환화幻化 색신色身과 둘이 아니며 다르지 않다는 것을 보아야 한다. 또 말하라. 어떤 것이 공겁 이전의 자기인가? '적讚!' 하고 (주장자를 한 번 내리고 이르기를) 금강이 쇠몽둥이를 맞으니 진흙소 눈에 피가 난다![236]

拈拄杖云 到者裏하야는 人法俱忘하고 心識路絶이라 擧步則大海騰波하고 彈指則須彌岌峇하며 泥團土塊ㅣ放大光明하고 瓠子冬苽ㅣ熾然常說하리라 然雖如是나 若到西峰門下인댄 未免臂長袖短하야 露出一橛이리라

直須廓頂門正眼하야 盧見破空劫已前自己與今幻化色身으로 無二無別이니라 且道하라 如何是空却已前自己오 讚하고 卓拄杖一下云 金剛이 喫鐵棒하니 泥牛眼出血이로다

【요지】

생사의 근원이 인아상人我相에 있음을 말하고, 이를 없애기 위해서는 감옥을 부수고 도망하는 사람과 같이 오로지 이 간절한 마음을 가지고 수행해 나가야 함을 말했다. 그러나 본분 입장에서 보면 본래 적중해 있기 때문에 수행과 교화가 다 쓸데없음을 말하고 살활자재殺活自在하는 본모습을 보였다.

---

236 살활동시殺活同時이다.

19. 해제에 대중에게 보임

만약 이 일을 논의할 것 같으면 존귀함도 없고 비천함도 없으며, 늙음도 없고 젊음도 없으며, 남자도 없고 여자도 없으며, 영리함도 없고 우둔함도 없다.

그러므로 우리 세존께서 정각산正覺山 앞에서 12월 8일 명성明星을 보시고 도道를 깨닫고 말씀하시기를

"기이하도다! 중생이여! 모두 여래如來의 지혜智慧와 덕상德相을 갖추고 있구나!"[237]라고 하시며,

또 이르시기를

"마음과 부처와 중생의 셋이 차별이 없다."[238]고 하시며,

또 이르시기를

---

237 '여래출현품如來出現品', 『화엄경華嚴經』 제37권.

238 '야마천궁게찬품夜摩天宮偈讚品', 『화엄경華嚴經』 제20권

"이 법은 평등해서 높고 낮음이 없다."[239]고 하셨다.

이미 차별이 없으며 또한 고하高下가 없다면, 위로 불조佛祖와 고금 선지식善知識으로부터 천하 노화상老和尙에 이르기까지 계합契合함이 있고 증득證得함이 있으며, 더딘 것이 있고 빠른 것이 있으며, 어려움이 있으며 쉬움이 있는 것은 필경 무엇 때문인가?

비유하자면 여러 사람이 여기에 있어서 각기 개개箇箇의 가업家業이 있는데 문득 어느 날 빛〔마음〕을 돌이켜 안으로 비추어 본원本源에 돌아가기를 생각하지만 혹 해를 지나서 도달하는 사람이 있으며, 혹 달을 지나서 도달하는 사람이 있으며, 혹 날을 지나서 도달하는 사람이 있으며, 혹 경각에 도달하는 사람이 있으며, 또 죽음에 이르도록 도달하지 못하는 사람이 있는 것과 같다. 대개 집을 떠난 거리의 차이 때문에 도달함에 더딤과 빠름, 쉬움과 어려움의 차이가 있다.

그러하기가 비록 이와 같지만 그 가운데 어떤 한 사람은 가업家業에도 가히 돌아갈 것이 없으며, 선도禪道도 가히 배울 것이 없으며, 생사生死도 가히 벗어날 것이 없으며, 열반도 가히 증득할 것이 없어서 종일토록 자유자재하여 움직임에 맡기며, 움직임에 맡겨 자유자재하다. 만약 점검點檢해 보건대 석가와 미륵이 그를 위해서 병과 바루를 들어주더라도 또한 분외分外의 일이 되지 않는다. 진실로 혹 그러하지 못할 것 같으면 (불자로 선상을 두 번 치고 두 번 할을

239 다시 수보리야, 이 법은 평등하여 높고 낮음이 없으니 이것을 아뇩다라삼먁삼보리라고 이름한다.(復次須菩提 是法平等無有高下 是名阿耨多羅三藐三菩提. 『金剛般若波羅密經』, 大正藏 卷第八 七五一下)

하고 이르기를) 만약 어디를 가더라도 간절히 잘못 들지 말라.[240]

解制示衆 其一九

若論此事인댄 無尊無卑하며 無老無少하며 無男無女하며 無利無鈍이니 故我世尊이 於正覺山前臘月八夜에 見明星悟道하시고 乃言奇哉라 衆生이여 具有如來智慧德相이라하며 又云心佛及衆生이 是三無差別이라하며 又云是法이 平等하여 無有高下라하시니 旣無差別하며 亦無高下인댄 從上佛祖와 古今知識과 乃至天下老和尙이 有契有證하며 有遲有速하며 有難有易는 畢竟如何오

譬如諸人이 在此하야 各各有箇家業이어든 驀然一日에 回光返照하여 思憶還源호대 或有經年而到者하며 或有經月而到者하며 或有經日而到者하며 或有頃刻而到者하며 又有至死而不到者하니 盖離家有遠近之殊故로 到有遲速難易之別이니라

然雖如是나 中間에 有箇漢子는 無家業可歸며 無禪道可學이며 無生死可脫이며 無涅槃可證이라 終日騰騰任運하며 任運騰騰하나니라 若也點檢得出인댄 釋迦彌勒이 與你提瓶挈鉢이라도 亦不爲分外어니와 苟或不然인댄 以拂子擊禪床兩下하고 喝兩喝云 若到諸方이어든 切忌錯擧어다

240 불자로 선상을 두 번 치고 두 번 할喝 하는 것도 긍정하지 아니했다.

【요지】

불법佛法에는 존귀함과 비천함, 부처와 중생의 차별이 없다는 본분사를 보이고, 집을 떠난 거리의 차이 때문에 증득證得함에 빠름과 더딤, 쉬움과 어려움의 차이가 있다고 했다. 본분의 입장에서는 누구나 본래부처이기 때문에 배울 선도禪道나 벗어날 생사生死, 증득할 열반涅槃이 따로 없이 자유자재하여 움직임에 맡길 뿐이다.

20. 대중에게 보임

만약 이 한 가지 기특한 일을 논할 것 같으면, 사람사람이 본래 갖추었으며 개인 개인이 원만히 이루어져 있으니 주먹을 쥐었다가 손을 펴는 것과 같아서 전혀 조그만 힘도 들지 아니한다. 다만 심원心猿이 어지럽고 의마意馬가 시끄러워서[241] 삼독무명三毒無明을 제멋대로 행하며 망령되게 인아人我의 형상에 집착하는 것은, 물을 얼음에 뿌려 얼음이 더욱 두꺼워져 자기의 신령한 빛을 막아서 결코 나타낼 수 없는 것과 같다.

만약 생철로 된 놈이 분명하게 밝히고자 한다면 역시 경솔해서는 안 된다. 곧 모름지기 큰 뜻을 발현發現하고 큰 원을 세워서 심원心猿과 의마意馬를 죽이며 망상 번뇌를 끊어 제거하고 물살 빠른 여울에

241 심원心猿은 8식, 의마意馬는 7식이다.

배를 정박하는 것과 같이 해야 한다. 위망득실危亡得失과 인아시비人我是非를 돌아보지 않고 잠자고 밥 먹는 것을 잊으며 생각과 생각을 끊어서 밤낮으로 마음과 마음이 서로 연속하며 생각과 생각이 서로 이어지게 해야 한다. 다리를 굳게 정하며 어금니를 굳게 물고 밧줄을 굳게 잡아서[242] 다시는 조금도 법도에 어긋나지 않게 해야 한다. 가령 어떤 사람이 너의 머리를 가져가고 너의 손발을 자르며 심장과 간장을 깎아서 목숨이 끊어지더라도 진실로 버려서는 안 된다. 이 속에 이르러야 공부할 기미가 조금 있게 된다.

示衆 其二十

若論此一段奇特之事인댄 人人이 本具하며 箇箇圓成하니 如握拳展掌하니라 渾不犯絲毫之力이언만은 祇爲心猿이 擾擾하고 意馬ㅣ喧喧하야 恣縱三毒無明하며 妄執人我等相이 如水澆氷에 愈加濃厚하야 障却自己靈光하야 決定無由得現이니라

若是生鐵鑄就底漢子ㅣ的實要明인댄 亦非造次니라 直須發大志立大願하야 殺却心猿意馬하며 斷除妄想塵勞하고 如在急水灘頭泊舟相似하야 不顧危亡得失과 人我是非하고 忘寢忘餐하며 絶思絶慮하야 晝三夜三에 心心相次하며 念念相續하야 剳定脚頭하며 咬定牙關하고 牢牢把定繩頭하야 更不容絲毫走作이니라 假使有人이 取你頭하며 除你手足하며 剜你心肝하야 乃至命終이라도 誠不可捨니 到者裡하야사 方

242 화두話頭를 의심하는 것이다.

有少分做工夫氣味하리라

아! 말법시대에 성인聖人께서 계시던 당시와 멀어져서 평범한 무리가 많이 있어 마침내 깨달음의 문이 있음을 믿지 않는다. 다만 이들은 이쪽에서 천착穿鑿하며 저쪽에서 계교計較하니, 다만 넉넉히 계교하여 이룩하고 천착하여 성취하더라도 눈빛이 떨어질 때에 도리어 쓸모가 있겠는가? 만약에 이것이 힘이 된다면, 세존의 설산 육 년 고행과 달마대사의 소림굴 구 년 면벽과 장경長慶스님의 앉아서 방석 일곱 개를 떨어뜨린 것[243]과 향림스님[244]의 사십 년에 바야흐로 한 덩어리를 이룬 것, 조주스님[245]이 삼십 년 동안 잡되게 마음을 쓰지 않은 것과 같이, 어찌 모름지기 이 수많은 고생을 했겠는가?

다시 한 무리의 놈들이 있어서 십 년 이십 년이 되도록 공부를 하되 일찍이 한낱 들어가는 곳이 없는 사람은, 다만 그가 숙세에

243 설봉의존雪峰義存의 제자인, 복주의 장경혜릉선사(長慶惠稜禪師, 856-932)는 선원禪苑을 두루 참례하다가 뒤에 영운靈雲스님을 참례하고 "어떤 것이 불법佛法의 큰 뜻입니까?"라고 물으니 영운스님이 대답하기를 "나귀의 일이 가지 않았는데 말의 일이 도래한다."고 대답했다. 장경스님은 이와 같이 설봉현사雪峯玄沙스님에게 12년간을 왕래하며 일곱 개의 포단을 떨어뜨렸으나 이 일을 발명하지 못했다. 그러던 어느 날 주렴을 걷다가 홀연히 크게 깨달았다.(福州長慶惠稜禪師 歷參禪苑 後參靈雲問 如何是佛法大意 雲云 驢事未去馬事到來 師如是往來雪峯玄沙 十二年間 坐破七箇蒲團 不明此事 一日捲簾 忽然大悟.『禪苑蒙求』上卷 卍續藏經 卷第一四八 二一二上)

244 향림(香林, 870-949)스님은 운문문언雲門文偃의 제자다. 운문스님을 18년간 시봉하고 성도成道 후 향림원에서 40년간 종지宗旨를 폈다.

245 조주(趙州, 778-897)스님은 남전스님의 제자다.

선근이 없어서 뜻이 견고하지 못하고 반신반의半信半疑하며 혹 일어나고 혹 넘어져서[246] 희롱戱弄해 가고 희롱해 옴에 세속의 정情은 점점 익어가고 도道의 생각은 점점 생소生疎해져서 열두 때 가운데 한 때라도 잡아 정해서 한 덩어리로 만들기가 어렵다. 이와 같은 자는 곧 넉넉히 희롱하여 미륵부처가 하생下生하더라도 무슨 교섭이 있겠는가?

嗟乎末法에 去聖時遙하야 多有一等泛泛之流ㅣ竟不信有悟門하고 但只向者邊穿鑿하며 那邊計較하나니 直饒計較得成하며 穿鑿得就라도 眼光落地時에 還用得着也無아 若用得着인댄 世尊의 雪山六年과 達磨의 少林九載와 長慶의 坐破七箇蒲團과 香林의 四十年에 方成一片과 趙州의 三十年에 不雜用心은 何須討許多生受喫이리요 更有一等漢子ㅣ成十年二十年토록 用工호대 不曾有箇入處者는 只爲他宿無靈骨하야 志不堅固하고 半信半疑하며 或起或倒하야 弄來弄去에 世情은 轉轉純熟하고 道念은 漸漸生踈하야 十二時中에 難有一箇時辰이라도 把捉得定하야 打成一片하나니 似者般底는 直饒弄到彌勒下生이라도 也有甚麼交涉이리요

만약 참되고 바르게 수행하는 본분 납자〔本色衲子〕라면 함부로 행동하기를 즐거워하지 아니하고 처음부터 반드시 선지식을 찾아

246 공부를 제대로 하지 않는 것이다.

일언반구一言半句라도 들어서 다시는 헤아리고 논의하지 아니한다. 바로 이렇게 믿으며 주재主宰를 지어 잡아 정해서 고요해서 아득하며〔孤逈逈〕 높아서 우뚝하며〔峭巍巍〕[247], 분명하기는 옷 벗은 것 같고〔赤裸裸〕 깨끗하기는 물 뿌린 것 같아서〔淨灑灑〕 다시는 위망危亡과 득실得失을 묻지 아니한다. 이렇게 정진精進해 가면 문득 줄이 끊기고 뒤집어지며 끊어진 뒤에 다시 살아나서[248] 그의 본지풍광을 볼 것이니 어느 곳에서 다시 부처를 찾을 것인가?

또 한 게송을 가지고 대중에게 들어 보이겠다.

물살 빠른 여울에 작은 배를 대어
간절히 이 줄을 굳게 잡으라.
문득 줄이 끊어지고 회피하기 어려우면
바로 온몸에서 피가 뿜어져 나오리.

若是眞正本色行脚高士인댄 不肯胡亂하고 打頭에 便要尋箇作家하야 纔聞擧着一言半句하고 更不擬議하야 直下便恁麽信得及하며 作得主把得定하야 孤逈逈峭巍巍하며 赤裸裸淨灑灑하야 更不問危亡得失하고 只恁麽捱將去하면 驀然繩斷喫攧하고 絶後再甦하야 看他本地風光하리니 何處에 更覓佛矣리요 又有一偈하야 擧似大衆하노라

---

247 고형형孤逈逈은 적적寂寂이고, 초외외峭巍巍는 성성惺惺이다.

248 대사각활大死却活이다.

急水灘頭泊小舟하야
切須牢把者繩頭어다
驀然繩斷難迴避하면
直得通身血迸流하리라

만법은 하나로 돌아가는데 하나는 어디로 돌아가는가를 다만 성성惺惺하게 뜻을 붙여서 의심해 가는 것이 귀하네. 의심하여 세정世情 사라지고 마음 끊어지는 곳에 이르면 금 까마귀[249] 한밤중에 하늘을 사무쳐 날아가리.[250]

萬法歸一一何歸를
只貴惺惺着意疑니
疑到情忘心絶處하면
金烏夜半徹天飛리라

만약 이 일을 수행하는 극칙極則을 다하고자 한다면 마치 허공 속에 꽃을 재배하며 물속의 달을 건지는 것과 같이 해야 한다.[251]

249 태양太陽을 말한다.

250 안진호가 '금오운운은 무명의 긴 밤에 지혜의 해가 바야흐로 나타난 것이니 어두운 속에서 밝음을 얻는 도리다.(金烏云云 無明長夜 慧日方現 暗中得明道理也)'라고 주석한 것은 오류이다. '한밤夜半'과 '금 까마귀金烏'는 대기대용大機大用하여 자유자재하는 것이다.

251 적적성성寂寂惺惺하고 성성적적惺惺寂寂하게 공부할 것을 가르쳤다.

곧 네가 손을 내릴 곳이 없으며 네가 마음을 쓸 곳이 없으니, 가끔 이런 경계가 나타남을 만나서는 열에 다섯 쌍이 물러나는 북[252]을 친다. 다만 (이것이) 집에 도착한 소식임을 알지 못한 것이다. 만약이 맹팔랑孟八郎[253]이라면 문득 손을 내릴 수 없는 곳과 마음을 쓸 수 없는 때에 나아가서 오히려 관우關羽가 백만 대군 가운데서 살고 죽는 것을 돌아보지 아니하고 바로 안량顔良의 목을 취하는 것과 같이 한다. 진실로 이 같은 재주와 지략과 이 같은 용맹함과 영리함이 있다면 반드시 손가락 튕기는 사이에 공을 거두고 찰나刹那 간에 성인이 될 것이다. 만약 그렇지 못하다면 넉넉히 너희가 참선해서 미륵부처가 세상에 내려올 때가 되더라도 다만 이는 장상좌張上座[254]일 것이다.

若窮此事의 用工極際인댄 正如空裡栽花하며 水中撈月이라 直是無你下手處하며 無你用心處하나니 往往에 纔遇者境界現前하야는 十箇有五雙이 打退鼓하나니 殊不知正是到家底消息이로다 若是孟八郎漢인댄 便就下手不得處用心不及時하야 猶如關羽ㅣ百萬軍中에 不顧得喪하고 直取顔良이니라 誠有如是操略과 如是猛利인댄 管取彈指收功하며 刹那成聖이리라 若不然者인댄 饒你叅到彌勒下生이라도 也只是箇張上座리라

252 주지가 퇴임하여 물러날 때 치는 북으로서, 더 이상 쓸모없는 것을 뜻한다.
253 마조스님의 제자인 귀종선사歸宗禪師이다.
254 둔한 사람을 말한다.

죽을 날이 빠르게 다가올 것이니 대중[255]은 다시 잠에 떨어지지 말라. 얼굴을 보고 근기에 맞게 가르치고〔提接〕 배우는 납자衲子는 선지식의 얼굴을 보고 간파해야 한다. 문득 눈동자를 부딪쳐 눈을 멀게 하면 무른 진흙 속에 가시가 들어 있음을 비추어 돌아볼 것이다.[256]

臘月三十日이 時節看看至하니 露柱與燈籠은 休更打瞌睡어다 覿面當機提하며 當機覿面處見니 驀然觸瞎眼睛하면 照顧爛泥裡有刺하리라

【요지】

본분자리는 본래 이루어져 있고 사람사람마다 본래 갖추고 있다. 삼독三毒과 무명無明으로 자기의 신령한 빛을 막고 있기 때문에 머리를 베어가고 손발을 끊어가서 목숨을 잃더라도 마치 급한 여울에 작은 배가 떠내려가지 않도록 굳게 배의 밧줄을 놓지 않는 것과 같이 견고한 뜻을 가지고 실참실오實參實悟할 것을 불조佛祖의 예를 들어 말했다. 참되고 순수하게 의심해 가서 손을 내리고 마음을 쓸 데가 없게 되는 곳이 집에 이르는 소식인데, 여기서 한 발 더 나아가 살활에 자유자재할 것을 말했다.

---

255 '노주露柱'는 비작용, '등롱燈籠'은 작용을 뜻하는데 여기서는 그 자리에 모인 '대중'을 지칭하는 말이다.

256 안진호는 '진흙 속에 가시가 있다는 것은 색신 가운데 불성이 있다는 뜻이다.(泥裡有刺者 色身中有佛性之義也)'라고 잘못 주석했다. 이 부분은 활活 속에 살殺이 있고 살 속에 활이 있음을 말한다.

21. 선달 그믐날 밤의 좌담

생사生死의 일이 크고 무상이 신속하다. 태어나도 온 곳을 알지 못하는 것을 생대生大라 하고 죽어도 가는 곳을 알지 못하는 것을 사대死大라 한다. 다만 이 생사일대사生死一大事가 참선參禪하고 도道 배우는 사람의 중요한 과제이며 부처가 되고 조사가 되는 관문關門이다. 삼세 여래와 항하사와 같이 많은 부처가 천 번 변變하고 만 번 화化해서 세간에 나온 것도 대개 이 생사일대사의 본원을 밝히기 위함이며, 서천西天의 스물여덟 조사[257]와 중국〔唐土〕의 여섯 조사[258]와 천하의 늙은 화상에 이르기까지 태어나고 죽으며 교화를 펴고 거두어서 역逆으로 행동하고 순順으로 교화함도 또한 이 일대사의 본원을 밝히기 위함이며, 모든〔諸方〕 스님들〔禪衲〕이 수고로움을

---

257 부처님으로부터 달마대사에 이르는 스물여덟 분의 조사를 말한다.
258 달마대사로부터 육조대사에 이르기까지 여섯 조사를 말한다.

꺼려하지 않고 삼십 년 이십 년 동안 풀을 헤치고 바람을 맞으며 옷이 닳도록 돌아다님도 또한 이 일대사의 본원을 밝히기 위함이며, 너희 여러 사람들이 발심출가發心出家하여 발심행각發心行脚하며 발심하고 와서 나〔高峰〕를 보고 밤낮으로 열심히 수행하는〔眉毛厮結〕 것도 또한 이 일대사의 본원을 밝히기 위함이다. 사생육도四生六道에 천 겁 만 겁 머리를 고치고 얼굴을 바꾸며 괴로움을 받는 것[259]도 또한 이 일대사의 본원을 미혹했기 때문이다.

우리 부처 세존께서 금륜金輪의 왕위王位를 버리시고 설산雪山에서 육 년 동안 고행苦行하시다가 밤중에 명성明星을 보시고 도를 깨달으심도 또한 이 일대사의 본원을 깨달으신 것이며, 달마대사가 이 땅에 와서 소림굴에서 구 년 동안 면벽面壁을 하는데 신광神光이 팔을 끊고 마음을 찾았으나 얻지 못한 자리에서 콧구멍을 잃은 것[260]도 또한 일대사 본원을 깨달은 것이며, 임제스님이 황벽스님의 육십 방의 아픈 방망이를 맞고[261] 대우大愚스님의 갈빗대 아래를 향하여 주먹을 날린 것[262]도 또한 이 일대사의 본원을 깨달은 것이며, 영운스

---

259 윤회輪廻를 말한다.

260 신광이 "제 마음이 편치 않으니 스승께서는 제 마음을 편안하게 해주십시오."라고 말하니 달마대사가 "그 마음을 가져오너라. 너를 편안하게 해주겠다."고 대답했다. 신광이 "마음을 찾아도 얻을 수 없습니다."라고 말하니 달마대사가 "내가 너의 마음을 편안하게 했다."라고 말했다.(光曰 我心未寧 乞師與安 師曰 將心來 與汝安 曰覓心了不可得 師曰 我與汝安心竟. 『景德傳燈錄』 卷第三, 大正藏 卷第五一 二一九中)

261 임제臨濟스님이 황벽黃檗스님에게 '불법의 분명한 뜻佛法的的大意'을 세 번 물었는데 세 차례에 걸쳐 방망이를 60방 맞았다.

님의 복숭아꽃[263]과 향엄스님이 대나무를 친 것[264]과 장경스님이 주렴珠簾을 걷은 것[265]과 현사玄沙스님이 발로 돌부리를 걷어찬 것[266]

262 대우스님이 물었다. "어디에서 왔느냐?" 임제스님이 말하기를 "황벽스님 회상에서 왔습니다." 대우스님이 묻기를 "황벽스님이 무슨 말씀을 하시더냐?" 임제스님이 말하기를 "제가 불법佛法의 분명한 뜻을 세 번 물었는데 세 번 얻어맞기만 했습니다. 저에게 무슨 허물이 있는지 모르겠습니다." 대우스님이 말하기를 "황벽스님이 이렇듯 노파심으로 너를 위하여 철저히 해 주었는데 다시 와서 이 속에 무슨 허물이 있는가를 묻는구나!" 임제스님이 바로 크게 깨닫고 이르기를 "황벽의 불법(黃蘗佛法)이 별것 아니구나!" 하였다. 대우스님이 임제스님을 잡고 이르기를 "이 오줌싸개야, 올 때에는 무슨 허물이 있는가라고 말하더니 지금은 도리어 황벽의 불법이 별것 아니라고 말하니 너는 무슨 도리를 보았느냐? 어서 빨리 말해라." 임제스님이 대우스님의 옆구리에 세 번 주먹을 날렸다. 대우스님이 뿌리치면서 "너의 스승은 황벽이다. 내 일에 상관이 없다." 임제스님은 대우스님을 떠났다.(大愚問 什麽處來 師云黃蘗處來 大愚云 黃蘗有何言句 師云某甲三度問佛法的的大意 三度被打 不知某甲有過無過 大愚云 黃蘗恁麽老婆 爲汝得徹困 更來這裏問有過無過 師於言下大悟云 元來黃蘗佛法無多子 大愚搊住云 這尿床鬼子 適來道有過無過 如今却黃蘗佛法道無多子 爾見箇什麽道理 速道速道 師於愚脅下築三拳 大愚托開云 汝師黃蘗 非干我事 師師大愚.『臨濟慧照禪師語錄』大正藏 47)

263 복주의 영운지근선사는 본주의 장계 사람이다. 처음 위산潙山에서 복숭아꽃으로 인하여 도를 깨닫고 "30년이나 검객을 찾아다니다가 낙엽 지는 것을 몇 번이나 만났던가? 스스로 복숭아꽃을 한 번 본 뒤로부터는 바로 지금과 같이 다시는 의심 없는 데 이르렀네."라는 게송을 읊었다.(福州靈雲志勤禪師本州長溪人也 初在潙山 因桃華悟道 有偈曰 三十來年尋劍客 幾逢落葉幾抽枝 自從一見桃華後 直至如今更不疑.『景德傳燈錄』卷第一一, 大正藏 卷第五一 二八五上)

264 하루는 산중에서 풀과 나무를 베다가 기왓장으로 대나무를 쳐서 소리가 남에 갑자기 웃음이 터져 나왔는데 그때 확연廓然히게 깨달았다.(一日因山中芟除草木 以瓦礫擊竹作聲 俄失笑間 廓然惺悟.『景德傳燈錄』卷第一一, 大正藏 卷第五一 二八四上)

등 위로부터 선지식이 계합契合하고 증득證得해서 중생을 이롭게 하고 가르치는〔提接〕 일에 이르기까지 모두 이 일대사 본원을 깨달은 것에서 벗어나지 않는다.

많이 보니 형제들이 비록 이 하나의 문門에 들어 왔다고 말하나 가끔 도를 배우는 근본을 알지 못하여 그 의지를 분발奮發하지 못하고 그럭저럭 날을 보내서 지금 갈등을 면하지 못하고 있다. 그래서 위로 부처와 조사들의 도에 들어간 원인과 도를 깨달은 연유를 인용해서 이로써 기준을 삼아 늦게 공부하고 처음 공부하는 사람들을 견디고 향해 나아가게 한다. 또 말하라. 어떻게 향하여 나아갈 것인가?

除夜小參 其二一

生死事大하고 無常이 迅速이라 生不知來處를 謂之生大요 死不知去

---

265 장경長慶스님은 좌선 중에 주렴珠簾을 걷다가 떠오르는 태양을 보고 깨달았다.

266 세전世傳에 현사는 고개를 벗어나지 않고 보수는 강을 건너지 않았다. (어느 날 돌을) 차서 발가락을 다쳤다. "이 몸이 있는 것이 아닌데 고통은 어디서부터 오는가? 이 몸 이 고통은 필경 남이 없다. 쉬고 쉬어라. 달마는 중국에 오지 않았고 이조二祖는 인도에 가지 않았다."라고 탄식하며 말했다. 드디어 돌아와 『능엄경』을 열람하다가 깨달았기〔發明〕 때문에 기틀에 대응하는 민첩함이 경전〔修多羅〕과 일치했다. 설봉이 불러 힐난詰難하였으나 또한 인仁에 있어서는 양보하지 않았다. 설봉은 "(그는) 비두타備頭陀가 다시 온 사람이다."라고 말했다.(世傳玄沙不出嶺 保壽不渡河 因蹶傷足指 歎曰 是身非有痛自何來 是身是苦畢竟無生 休休 達磨不來東土 二祖不往西天 遂迴復因閱楞嚴而發明 故應機捷敏與修多羅合 至與雪峯徵詰 亦當仁不讓 峯曰 備頭陀再來人也. 『從容錄』 卷第五, 大正藏 卷第四八 二七九中)

處를 謂之死大니 只者生死一大事乃是叅禪學道之喉襟이며 成佛作祖之管轄이라 三世如來와 恒沙諸佛이 千變萬化하사 出現世間도 盖爲此生死一大事之本源이시며 西天四七과唐土二三과 以至天下老和尙이 出沒卷舒하야 逆行順化도 亦爲此一大事之本源이며 諸方禪衲이 不憚勞苦하야 三十年二十年을 撥草瞻風하며 磨裩擦袴도 亦爲此一大事之本源이며 汝等諸人이 發心出家하야 發心行脚하며 發心來見高峰하야 晝三夜三眉毛廝結도 亦爲此一大事之本源이며 四生六道千劫萬劫에 改頭換面하야 受苦受辛도 亦是迷此一大事之本源이며 吾佛世尊이 捨金輪王位하시고 雪山에 六年苦行하시다가 夜半에 見明星悟道도 亦是悟者一大事之本源이며 達磨大師入此土來하사 少林에 面壁九載어시늘 神光斷臂하고 於覓心不可得處에 打失鼻孔도 亦是悟者一大事之本源이며 臨濟遭黃蘗의 六十痛棒하고 向大愚肋下하야 還拳도 亦是悟者一大事之本源이며 靈雲의 桃花와 香嚴의 擊竹과 長慶의 卷簾과 玄沙의 塈指며 乃至從上知識의有契有證하야 利生接物도 摠不出悟者一大事之本源이니라

多見兄弟家호니 雖曰入此一門이나 往往에 不知學道之本源하야 不能奮其志하고 因循度日하야 今來未免葛藤일새 引如上佛祖의 入道之因과 及悟道之由하사 以爲標格하야 晩學初機로 方堪趣向케하노니 且道하라 如何趣向고

보지 못했는가? 옛사람이 말하되 만약 생사를 벗어나려고 한다면 반드시 조사의 관문을 뚫어야 한다고 했으니 필경 무엇을 관문이라고

하는가? 죽비라고 말하면 저촉抵觸되고 죽비라고 말하지 아니하면 위배違背되니 말할 수도 없고 말하지 않을 수도 없다. 만약 이 속을 향하여 외 눈[267]을 얻어 엿보아 타파하며 몸을 뒤집어 기를 통하면[268] 관문을 뚫지 못할 것이 없으며 법法을 통달하지 못할 것이 없다. 낱낱이 나타나 보이며 물물物物이 온전히 드러나서 끝없는 세계에서 나와 남〔自他〕이 털끝만큼도 간격이 없으며 십세十世의 고금古今과 시종始終이 지금의 생각을 조금도 떠나지 아니할 것이다.[269]

그런 까닭으로 수료화상水潦和尙[270]이 마대사馬大師[271]를 만나 예배하고 일어나서 헤아려 질문하려는 순간 마조대사에게 멱살이 잡혀서 밟혀 넘어졌다가 일어나 "하하!" 웃으며 말하기를 "백천 가지 법문과 한량없는 미묘한 뜻을 모두 한 털 끝 위에서 근원을 알았다."[272]고

---

267 주객을 초월한 일척안一隻眼을 말한다.

268 전신자재轉身自在함을 말한다.

269 시간과 공간을 초월한 것을 말한다.

270 마조馬祖스님의 제자로서 홍주洪州사람이다. 마조에게 멱살이 잡혀 밟히고 깨달았다.

271 마조도일馬祖道一이다.

272 홍주(지금의 江西省 南昌市)의 수료화상이 처음 마조스님에게 "조사가 서쪽에서 오신 분명한 뜻이 무엇입니까?"라고 물으니, 마조스님이 가슴을 잡고 차서 넘어뜨려버렸다. 수로화상이 크게 깨닫고 일어나 손뼉을 치며 껄껄 크게 웃으며 이르기를 "대단히 기이하구나! 백천 가지 삼매三昧와 무량한 묘의妙義는, 다만 한 털끝 위에서 문득 그 근원을 알았다." 하고는 예배하고 물러갔다. 수로화상이 뒤에 대중에게 이르기를 "마조스님에게 한 번 차이고부터는 바로 지금처럼 웃음을 그칠 수 없는 데 이르렀다."고 하였다.(洪州水老和尙 初問馬祖 如何是西來的的意 祖乃當胸蹋倒 師大悟 起來撫掌呵呵大笑云 大奇 百千三昧無量妙義只向一毛頭上便識得根原去 便禮拜而退 師住後告衆云 自從一喫馬師蹋 直至如今

하였으며, 덕산德山스님[273]이 용담龍潭스님[274]을 만나 지촉紙燭[275]을 불어 끄는 그 자리에서 활연豁然히 크게 깨달아[276] 다음날 드디어 『금강경소초金剛經疏抄』[277]를 법당에 가져와 태우며 이르기를 "모든 깊은 말을 궁구하더라도 큰 허공에 한낱 털을 두는 것과 같고 세상의 제일 좋은 추기樞機[278]라도 큰 골짜기에 한 방울 물을 떨어뜨리는 것과 같다."고 하였다. 이 속에 이르러서 무슨 선도禪道를 참구할 것이 있으며 무슨 불법佛法을 배울 것이 있으며 무슨 생사를 벗어날 것이 있으며 무슨 열반을 증득할 것이 있겠는가? 자유자재하여

笑不休.『景德傳燈錄』卷第八 大正藏 卷第五一 二六二下)

273 용담숭신龍潭崇信의 제자로 속성俗姓은 주周씨다. 덕산德山은 시호諡號다. 특히 『금강경金剛經』에 밝았으므로 주금강周金剛이라 일컬어지기도 했다.

274 천황도오天皇道悟의 제자로 속성은 사씨謝氏이고 호는 용담龍潭이다.

275 종이를 길게 꼬아 촛물을 먹여 만든 것이다.

276 용담신선사龍潭信禪師에게 갔으나 문답이 모두 한 마디 말뿐이어서 덕산스님은 곧 떠나려고 했다. 용담스님이 만류하여 하루 저녁을 밖에서 조용히 앉아 있었다. 이에 용담이 묻기를 "왜 돌아가지 않는가?"라고 하니 덕산이 대답하기를 "어둡습니다."라고 했다. 이에 용담스님이 촛불을 켜서 덕산에게 주었다. 덕산이 받으려고 하자 용담스님이 곧 불어 꺼버렸다. 덕산이 이에 예배를 했다. 용담이 "무엇을 보았는가?"라고 물으니 덕산이 대답하기를 "지금으로부터 천하 노화상의 말씀에 의혹되지 않겠습니다."라고 하였다. 뒷날 바로 떠났다.(因造龍潭信禪師 問答皆一語而已 師卽時辭去 龍潭留之一夕於室外 默坐 龍問何不歸來 師對曰黑 龍乃點燭與師 師擬接 龍便吹滅 師乃禮拜 龍曰 見什麼 曰從今向去不疑天下老和尙舌頭也 至明日便發.『景德傳燈錄』卷第一五, 大正藏 卷第五一 三一七中)

277 청룡사青龍寺의 도인道氤이 현종玄宗의 칙명勅命을 받아 지은 『금강경소金剛經疏』로 『청룡소靑龍疏』라고도 한다.

278 가장 중요하고 훌륭한 일이나 지위를 말한다.

움직임에 맡기며〔騰騰任運〕, 움직임에 맡겨 자유자재하면〔任運騰騰〕 납월 삼십일이 도래함에 반드시 대자재大自在를 얻어서 가고 머무는 데 자유롭게 될 것이다. 그러므로 이르기를 "조계曹溪의 길을 알아 터득한 뒤로부터는 생사가 서로 간여하지 아니함을 통달하여 알았다."[279]고 했다.

그러하기가 비록 이와 같으나, (불자를 세우고 이르기를) 또 말하라. 이것은 살았는가, 죽었는가? 만약 또한 말을 한다면 문득 부처가 없는 곳을 향하여 부처라고 일컬으며〔稱名〕 법이 없는 곳을 향하여 설법說法할 것이다. 혹 그러하지 못하다면 내〔山僧〕가 부끄러움을 두려워하지 않고 다시 여러분들에게 소식을 드러내 보이겠다. (불자拂子로 고기 낚는 자세를 짓고 이르기를)

밤은 차고 고기는 잠겼는데 공연히 낚시를 드리움이여!
거두어 들여 남은 해를 보내는 것만 같지 못하도다![280]

---

279 강과 바다에 다니고 산천을 건너며, 스승을 찾고 도를 구하는 것이 선禪일세. 조계의 길을 알아 터득한 뒤로부터는 생사가 서로 간예干預하지 않음을 통달했네.(遊江海涉山川 尋師訪道爲參禪 自從認得曹溪路 了知生死不相干. 『景德傳燈錄』 卷第三零, 大正藏 卷第五一 四六零中)

280 어떤 논자들은 중생을 교화해도 깨닫는 자가 없어서 그만 둔다는 뜻으로 이 부분을 해석하기도 한다. 그러나 실제는 불조佛祖가 중생을 교화하기 위하여 진흙을 묻히고 물에 들어가는 것拖泥帶水도 인정하지 않는 본분입장本分立場을 드러낸 것이다. "울어서 피눈물을 흘려도 소용이 없으니 입을 다물고 남은 해를 보내는 것만 같지 못하다.(啼得血淚無用處 不如緘口過殘年)"는 게송과 같은 뜻이다.

不見가 古人이 道호대 若要脫生死인댄 須透祖師關이니 畢竟將甚麽하야 作關고 喚作竹篦則觸이요 不喚作竹篦則背라하니 不得有語며 不得無語라 若向者裡하야 着得一隻眼하야 虛見得破하며 轉得身 通得氣하면 無關不透하며 無法不通하야 頭頭示現하며 物物全彰하야 無邊刹境自他不隔於毫端하며 十世古今始終이 不離於當念하리라

所以로 水潦和尙이 見馬大師할새 禮拜起하야 擬伸問間에 被馬祖의 攔胸一踏하야 踏倒起來에 呵呵大笑云 百千法門과 無量妙義를 摠向一毫頭上하야 識得根源去라하며 德山이 見龍潭할새 向吹滅紙燭處하야 豁然大悟하고 次日에 遂將疏抄하야 於法堂上에 爇云窮諸玄辯이라도 若一毫置於太虛하고 竭世樞機라도 似一滴投於巨壑이라하니 到者裡하야는 有甚麽禪道可參이며 有甚麽佛法可學이며 有甚麽生死可脫이며 有甚麽涅槃可證이리요 騰騰任運하며 任運騰騰하면 臘月三十日到來에 管取得大自在하야 去住自由하리라 故로 云自從認得曹溪路로 了知生死不相干이라하시니라

然雖如是나 竪拂子云 且道하라 者箇는 是生耶아 是死耶아 若也道得인댄 便可向無佛處稱尊이며 無法處說法이리라 其或未然인댄 山僧이 不懼羞慚하고 更與諸人으로 露箇消息호리라 以拂子로 作釣魚勢云

夜冷魚潛空下釣여
不如收卷過殘年이로다

다시 들어 말하기를 북선北禪의 과세過歲는 노지露地의 흰 소를 삶고[281] 백 가지의 귀한 음식을 다 갖추어 넉넉하다. 나(고봉)의

과세는 비록 백 개의 구멍이 생기고 천 개의 상처가 났으나[282] 또한 무無를 가지고 유有를 만들어 고갯마루의 구름을 잘게 썰고, 못 속의 달을 얇게 저며서 유행하는 굄새를 만들며, 격格을 벗어나 안배按排하여 개개인으로 하여금 창자와 배를 채우게 하여, 사람사람으로 하여금 길이 굶주리고 허기짐을 면하게 하겠다. 또 말하라. 옛사람과 더불어 이것이 같은가, 다른가? 혀끝에 눈이 있는 사람[283]은 시험 삼아 한번 말해 보라.

復擧호대 北禪分歲는 烹露地白牛하니 百味珍羞悉皆具足이어니와 高峰分歲는 雖則百孔千瘡이나 也要將無作有하야 細切嶺頭雲하고 薄批潭底月하야 尖新堆飣하며 出格安排하야 要使箇箇로 盈腸塞腹하며 人人으로 永絶飢虛하노니 且道하라 與古人으로 是同是別가 舌頭具眼底는 試道看하라

---

281 제야에 대중들에게 말하기를 "해가 다 지나가도 대중과 더불어 묵은해를 보내고 새해를 맞이할 것이 없다. 내가 한 마리의 노지 흰 소를 삶고 불 때어 밥을 지으며 나무를 태워 나물을 삶아서 대중과 더불어 화롯가에서 귀전악歸田樂을 노래하겠다고 했으니 어째서 이러한가?"라고 했다.(除夕示衆曰 年窮歲盡 無可與大衆分歲 老僧烹一頭露地白牛 炊土田米飯 煮菜根燒榾柮火 與大衆圍爐唱歸田樂 何以如此.『續傳燈錄』卷第二, 大正藏 卷第五一 四六零中)

282 백공천창百孔千瘡은 본래 구멍과 상처가 많다는 말로, 아주 많은 결점을 가진 것을 뜻한다. 그러나 이 말은 여기서 좋은 것이 없다는 측면에서 가난의 의미로 쓰였다.

283 안목이 있는 사람을 말한다.

【요지】

생사일대사生死一大事의 본원本源을 밝히는 일이 참으로 중요한데, 이 일을 밝히기 위해서는 조사 관문을 반드시 뚫어야 함을 강조했다. 조사 관문을 통과하면 자유자재해서 생사가 서로 간여干與하지 않음을 알게 된다고 하면서도 나아가 본래부처의 입장에서 살활자재殺活自在한 법을 드러내 보였다. 북선北禪에서 귀하고 넉넉함을 가지고 과세過歲를 했다면 고봉은 백공천창百孔千瘡의 가난함을 가지고 과세하며 사람들의 굶주림을 면하게 하겠다고 한 것이 바로 살활자재한 법의 예이다.

22. 대중에게 보임

만약 정한 기일 내에 증득證得하는 것을 논의하자면 사람이 눈을 져다가 우물을 메우는 것과 같이 해야 한다. 춥고 더움을 싫어하지 아니하고 밤과 낮을 분간하지 아니하고 가로로 메고 세로로 메며[284] 옳아도 메고 글러도 메어, 메고 오고 메고 감에 비록 해를 보내고 세월을 지나서 만겁萬劫 동안 천 번을 태어나는 데 이르더라도 그 중간에 믿음이 확고하여 편안하며 안정되고 흔들림이 없어서 일찍이 한 생각도 싫어하여 떠나려는 마음이 없으며, 일찍이 한 생각도 게으른 마음이 없으며, 일찍이 한 생각도 의심하는 마음이 없으며, 일찍이 한 생각도 가득 채우기를 구하는 마음이 없어야 한다.

과연 능히 이런 시절을 가지며 과연 능히 이런 기개를 갖추면,

---

284 가로는 작용作用이고 세로는 비작용非作用이다.

이 속에 이르러서는 반드시 주관〔人〕과 객관〔法〕이 동시에 사라지고 마음〔心〕과 의식〔識〕이 함께 없어져서, 모습이 마른 나무와 썩은 등걸 같으며 뜻이 영아嬰兒와 적자赤子 같아서 문득 잚어진 것이 졸지에 끊어지고 갑자기 꺾일 것이다.[285] 영가永嘉스님이 말하기를 "삼천대천세계三千大千世界[286]의 모래알 같이 많은 세계가 바다 가운데 거품이고, 일체 성현聖賢이 번갯불 치는 것과 같다."[287]고 하니 좋게 삼십 방의 아픈 방망이를 주겠다.[288]

만약 이 일을 이른다면 수행〔參究〕하고자 하면 수행하고 깨닫고자 하면 깨달으며 말하고자 하면 말하고 실천하고자 하면 실천하며 오고자 하면 오고 가고자 하면 가는 것이다. 그러하기가 비록 이와 같으나 다시 삼십 년을 더 참구해야 비로소 옳으니 무슨 까닭인가? 두 뿔과 네 다리가 다 지나갔으나 꼬리 끝이 아직 지나가지 않았다.[289]

---

285 대사각활大死却活이다.

286 사대주四大洲의 일월日月과 모든 하늘을 일세계一世界라고 하는데 이런 세계 일천 개를 소천세계小千世界, 소천세계 일천 개를 중천세계, 중천세계 일천 개를 대천세계라고 한다.

287 삼천대천세계가 바다 가운데 거품이고, 일체의 성현이 번갯불 치는 것과 같네. 가사假使 쇠수레를 머리 위에서 돌린다고 하더라도 선정과 지혜가 원만히 밝아 끝내 사라지지 않네.(大千世界海中漚 一切聖賢如電拂 假使鐵輪頂上施 定慧圓明終不失. 『景德傳燈錄』 卷第三零, 大正藏 卷第五一 四六一上~中)

288 은산철벽銀山鐵壁을 투과하여 살활에 전신자유자재轉身自由自在하는 것이다.

289 '나귀의 일이 가지 않았는데 말의 일이 도래한다.(驢事未去馬事到來)'는 말과 뜻이 같다.

示衆 其二二

若論剋期取證인댄 如人이 擔雪塡井하야 不憚寒暑하며 不分晝夜하고 橫也擔竪也擔하며 是也擔非也擔하야 擔來擔去에 縱使經年越歲하야 以至萬劫千生라도 於其中間에 信得及踏得穩하며 把得定作得主하야 曾無一念厭離心하며 曾無一念懈怠心하며 曾無一念狐疑心하며 曾無一念求滿心이니라 果能有恁麽時節하며 果能具恁麽氣槪인댄 到者裡하야 管取人法雙忘하고 心識俱泯하야 形如槁木朽株하며 志若嬰兒赤子하야 驀然擔子卒地斷爆地折하리라 永嘉道하대 大千沙界海中漚오 一切聖賢이 如電拂이라하니 好與三十痛棒이로다

若謂此事인댄 叅也叅得하며 悟也悟得하며 說也說得하며 行也行得하며 來也來得하며 去也去得이니라 然雖如是나 更須三十年하야사 始得이니 何故오 兩角四蹄都過了나 尾巴過不得이니라

이 일을 논의하자면 만 길이나 되는 깊은 못에 돌 한 덩어리를 던지는 것과 같아서 위에서부터 바닥까지 털끝만큼의 간격間隔도 없다. 진실로 능히 이와 같이 공부工夫하며 이와 같이 간단間斷없이 하여 칠일 내에 만약 넘어져 끊어짐이 없다면[290] (나는) 영원히 아비지옥阿鼻地獄에 떨어질 것이다.

若論此事인댄 如萬丈深潭에 投一塊石相似하야 透頂透底에 了無絲

290 이 부분은 '대사각활大死却活하지 못한다면'이라는 뜻이다.

毫間隔이니라 誠能如是用工하며 如是無間하고 一七日中에 若無倒斷인댄 (某甲) 永墮阿鼻地獄하리라

【요지】

분별심分別心, 염오심厭惡心, 구만심求滿心을 버리고 확고한 믿음을 가지고 편안하고 흔들림 없이 지속적으로 공부해 나가면 반드시 짧은 기일 내에 깨달음을 성취하게 되며 살활殺活 어디에도 걸리지 않고 자유자재하게 될 것이라고 말했다.

23. 결제에 대중에게 보임

주장자 머리를 봉하고 포대[291] 입구를 묶으며, 철위산鐵圍山[292]에서 금족禁足하여 칼 위에 거듭 수갑[293]을 채우며, 유有 가운데서 무無를 두드려 내고 무無 가운데서 유有를 두드려 내어 아프기가 백천 번이라도 이 돌쩌귀[294]를 벗어나지 않는다. 대중은 또 말하라. 무엇을 돌쩌귀라 부르는가? 바로 넉넉히 밝게 분별하여 얻어 내더라도 나〔서봉西峰〕의 저 변邊과, 다시 저 변邊에 사람을 위하고 사람을 위하지 않는 그 일착자一着子[295]를 보려고 한다면 또 삼십 년 후를 기다려야 한다.

---

291 바랑鉢囊이다.

292 쇠로 둘러친 산. 분별심이 끊어진 마음을 뜻한다.

293 칼〔枷〕은 목, 수갑〔杻〕은 손발을 각각 묶는 형틀이다.

294 본분자리이다.

295 본래 닦고 증득할 것이 없는 일착자다.

結制示衆 其二三

封却拄杖頭하고 結却布袋口하며 禁在鐵圍山하야 枷上重增杻하며 有中拷出無하고 無中拷出有하야 痛楚百千般이라도 不離者窠臼니라 大衆은 且道하라 喚甚麽하야 作窠臼오 直饒明辨得出이라도 要見西峰의 那邊更那邊爲人不爲人一着子인댄 且待三十年後니라

【요지】

설사 수행 중의 살활이라도 돌쩌귀〔窠臼〕를 벗어나지 않았기 때문에 결국 사람을 위하고 위하지 않는 것을 초월한 그 일착자一着子를 깨달아야 한다는 것을 말했다.

24. 대중에게 보임

(주장자를 잡고 대중을 불러 이르기를) 도리어 보는가? 사람사람이 눈에 눈동자가 있어 눈먼 놈이 아니니 결정코 볼 것이다. (주장자를 한 번 내리고 이르기를) 도리어 듣는가? 개인 개인이 가죽 아래 피가 흐르고 있어 죽은 놈이 아니니 결정코 들을 것이다. 이미 보고 이미 들었다면 이것이 무엇인가?

(주장자로) ⊖보고 듣는 것은 곧 그만 두거니와 다만 육근이 갖추어지기 이전과 성색聲色이 드러나지 않았을 때에 듣지 아니하고 듣는 것과 보지 아니하고 보는 것은 정히 이럴 때에 필경 무엇으로 증험證驗할 것인가?

(주장자로) ⦶내가 지금 너희와 더불어 이 일을 보임保任하노니 끝내 헛되지 아니하다.

(주장자로) ⊚[296]삼십 년 후에 간절히 망령妄靈되게 소식 통하는

것을 꺼린다. (주장자를 메고 자리에서 내려왔다.)

示衆 其二四

拈拄杖召大衆云 還見麼아 人人이 眼裏有睛하니 不是瞎漢이라 決定是見이니라 以拄杖卓一下云 還聞麼아 箇箇皮下有血하니 不是死漢이라 決定是聞이니라 旣見旣聞인댄 是箇甚麼오 以拄杖 ㊀見聞은 卽且止어니와 只如六根未具之前과 聲色未彰之際에未聞之聞과 未見之見은 正恁麼時하야 畢竟以何爲驗고 以拄杖 ①吾今與汝로 保任斯事하노니 終不虛也니라 以拄杖 ⓔ三十年後에 切忌妄通消息이니라 靠拄杖下座

이 일을 논의할 것 같으면 다만 본인〔當人〕은 분명히 간절한 마음을 가져야 한다. 간절한 마음을 가지기만 해도 진의眞疑가 문득 일어날 것이다. 진의가 일어날 때에는 점차漸次에 속하지 않으며 바로 진로塵勞가 몰록 쉬어지고 혼침昏沈과 산란散亂이 함께 사라져서 한 생각도 발생하지 아니하고 앞과 뒤가 끊어질 것이다. 이러한 시절에 이르면 반드시 문을 밂에 돌쩌귀에 떨어진다. 만약 이 생각이 절실하지 아니하여 진의가 일어나지 아니하면 넉넉히 너희가 백천만 개의 포단을 앉아서 떨어뜨리더라도 옛날과 같이 정오에 삼경의 종을 치게 될 것이다.[297]

---

296 '㊀①ⓔ' 이 삼원상三圓相은 살殺, 활活, 살활동시殺活同時를 보여준다.
297 선노顚倒되고 잘못됨을 말한다.

若論此事인댄 只要當人이 的有切心이니 纔有切心이면 眞疑便起리라 眞疑起時에 不屬漸次하며 直下便能塵勞頓息하고 昏散이 屛除하야 一念不生하고 前後際斷하리니 纔到者般時節이면 管取推門落臼이니라 若是此念이 不切하야 眞疑不起인댄 饒你坐破蒲團百千萬箇라도 依舊日午打三更이니라

미혹한 가운데 깨달음이 있고 깨달음이 다시 미혹함에 돌아가니[298] 바로 미혹함과 깨달음을 다 잊고, 사람과 법을 다 버려야 납자衲子의 문하에 비로소 말할 분分이 있게 될 것이다. 대중아, 이미 미혹함과 깨달음을 다 잊고 사람과 법을 모두 잊어버렸다면 같이 이야기하는 사람은 다시 이 누구인가? 빨리 말하고 빨리 말하라.

迷中有悟하고 悟復還迷라 直須迷悟兩忘하고 人法俱遣하야사 衲僧門下에 始有語話分하리라 大衆아 旣是迷悟兩忘하고 人法俱忘인댄 共語話者ㅣ復是阿誰오 速道速道하라

만약 이 일을 논의할 것 같으면 만 길 높은 산에 오름에 한 걸음 한 걸음 잡아끌어서 정상에 오르는데, 오직 몇 걸음을 앞두고 절벽에 손으로 붙잡고 발을 붙일 곳이 끊어진 것과 같다. 이 속에 이르러서는 마땅히 순 강철로 된 사람이어야 목숨을 버리고 몸을 버리며 좌左를

---

298 미혹은 비작용, 깨달음은 작용이다.

엿보고 우右를 엿보아서, 엿보아 오고 엿보아 가며 오르기를 기약할 것이다. 비록 천 생 만 겁의 긴 세월과 만 가지 고난苦難과 천 가지 마군魔軍의 어려움을 겪더라도 이 마음과 이 뜻은 더욱 굳고 더욱 강하게 해야 한다.

만약 근본이 충실하지 아니하여 평범平凡한 무리라면 어찌 절벽을 쳐다보는 데까지 이르겠는가? 바람소리만 듣고도 물러날 것이다.

若論此事인댄 如登萬仞高山하야 一步一步에 將搆至頂호대 唯有數步壁絶攀躋라 到者裡하야는 須是箇純鋼打就底라야 捨命拌身하고 左睚右睚하야 睚來睚去에 以上爲期하야 縱經千生萬劫과 萬難千魔라도 此心此志는 愈堅愈强이어다

若是根本不實한 泛泛之流인댄 何止望崖管取聞風而退矣리라

【요지】

살殺, 활活, 살활동시殺活同時의 법을 먼저 보이고 이어서 간절한 마음을 가지면 진의眞疑가 일어나고 진의가 일어나면 몰록 깨칠 수 있다는 것을 설명하였다. 그리고 만 길 산의 절벽을 오르며 만 겁 천 생의 고난과 마군의 어려움을 이겨나가는 것과 같이 강고한 뜻을 가지고 나아갈 뿐 물러나지 말 것을 지적했다.

25. 선달 그믐날 밤의 좌담

일 년 삼백육십오 일이 어느덧 오늘 밤에 다 지나가건마는 열에 다섯 쌍은 선수행禪修行을 하되 선禪을 또한 알지 못하며 도道를 배우되 도道를 또한 알지 못한다. 다만 부지불식(不知不識, 알지도 못하고 인식하지도 못한다) 이 네 글자가 정히 삼세제불三世諸佛의 골수骨髓이며 일대장교一大藏教의 근원根源이다. 영리靈利한 놈은 곧 거착擧着하는 것[299]을 듣고 용이 물을 얻고 호랑이가 산을 의지한 것과 같아서 천상과 인간에 종횡縱橫하여 걸림이 없게 될 것이다. 그러하기가 비록 이와 같을지라도 점검點檢해 보면 오히려 이쪽 변의 소식[300]이다. 만약 저쪽 변에서 다시 저쪽 변의 일착자一着子[301]를

---

299 명안종사明眼宗師가 대중을 깨우치기 위하여 사용하는 일기일경一機一境, 일언일구一言一句를 말하는 것이다.

300 '이변'은 닦고 증득해서 완성하는 것을 뜻한다.

말하자면 바로 넉넉히 인도〔西天〕의 스물여덟 조사祖師와 중국〔唐土〕의 여섯 조사로부터 천하의 선지식善知識에 이르기까지 감히 철저하지 못함을 알겠다. 내〔山僧〕가 이와 같이 말함에 갑자기 어떤 사람이 마음이 답답하고 말이 급해서[302] 이르기를 "고봉高峰, 고봉아! 너는 무슨 잘난 데가 있어서 이와 같이 큰 입을 여는가?"라고 하면 다만 그를 향하여 말하겠다.

"내년에 다시 새 가지가 나서
봄바람에 흔들려 마침내 쉬지 아니하네."

除夜小參 其二五

一年三百六十日이 看看逗到今宵畢이건만 十箇有五雙은 叅禪호대 禪又不知하며 學道호대 道亦不識이로다 只者不知不識四字正是三世諸佛의 骨髓며 一大藏教의 根源이니 靈利漢이 纔聞擧着하면 如龍得水하고 似虎靠山하야 天上人間에 縱橫無礙하리라 然雖如是나 點檢將來인댄 猶是者邊底消息이니 若謂那邊更那邊一着子인댄 直饒西天四七과 唐土二三으로 以至天下老古金隹히 敢保未徹在라호리라 山僧이 與麽告報에 忽有箇漢子ㅣ心憤憤口悱悱하야 出來道호대 高峰高峰아 你有甚長處관대 開得者般大口오하면 只向他道호리라

來年更有新條在하야

301 본래 닦고 증득할 것이 없이 완성된 일착자를 뜻한다.

302 '분분憤憤'은 마음에 맺혀 풀리지 않는 모양을 뜻하고, '비비悱悱'는 말하고자 하나 말이 나오지 않는 모양을 뜻하는데, 여기서는 문맥에 따라 의역을 했다.

惱亂春風卒未休라

【요지】

부지불식不知不識이 삼세제불三世諸佛의 골수骨髓이고 일대장교一大藏教의 근원이기 때문에 이를 알면 천상과 인간에 종횡〔殺活〕하여 걸림이 없다고 말했다. 그러나 본분 일착자本分一着子에서는 다시 부정否定하고 향상向上해서 자유자재自由自在하는 것을 보였다.

26. 대중에게 보임

종일 옷을 입되 일찍이 한 올의 실도 걸치지 않았으며 종일 밥을 먹되 일찍이 한 톨의 쌀도 씹지 않았다. 이미 그러하기가 이와 같다면 또 말하라. 지금 몸에 입고 있는 것과 매일 입안에 먹는 것은 무엇인가? 여기에 이르러서는 밝음과 밝지 않음, 철저함과 철저하지 않음을 거론할 것 없이 한 올의 실과 한 방울의 물이라도 또한 마땅히 쟁기를 끌고 고삐를 잡아서 그에게 갚아야 한다. 무슨 까닭인가?

한 조각 흰 구름이 골짜기에 가로 걸쳤으니
얼마나 많은 돌아가는 새가 스스로 보금자리를 잊었던가?[303]

303 십자가두十字街頭에서 중생교화를 하다가 본분자리를 잊은 것을 뜻한다.(大慧『書狀』'答楊教授彥候' 參照)

示衆 其二六

終日着衣호대 未嘗掛一縷絲하며 終日喫飯호대 未嘗咬一粒米하나니 既然如是인댄 且道하라 卽今身上着底와 每日口裏喫底는 是箇甚麽오 到者裡하야는 不論明與不明과 徹與不徹하고 寸絲滴水라도 也當牽犁拽把償他니라 何故오

一片白雲이 橫谷口하니
幾多歸鳥가 自迷巢아

만약 이 일을 논의한다면 정히 담장 옆에서 개를 모는데, 몰아오고 몰아가서 막다른 골목까지 몰아가면 몸을 돌려 개가 무는 것을 피하지 못하는 것과 같다. 지금 바로 개한테 물린 사람이 있지 않은가? (주장자를 한 번 내리고 이르기를) '아야! 아야!' 하였다.

도를 배우는데 처음과 같이 마음이 변하지 아니하여
천 가지 마군, 만 가지 고난에도 더욱 깨어 있네〔惺惺〕.
바로 허공의 골수骨髓를 두드려 꺼내며
금강金剛의 머리에 박힌 못을 뽑아 버리리.[304]

若論此事인댄 正如傍墻逼狗하야 逼來逼去에 逼至尖角落頭하야는 未免翻身遭他一口리니 卽今에 莫有遭他底麽아 卓拄杖一下云 阿耶阿耶

304 안진호가 '뇌후정腦後釘은 '무명의 뿌리無明根를 말한 것이다.(腦後釘言無明根也)'라고 한 것은 잘못이다. '대용직절大用直截'이다.

하시다

學道如初不變心하야

千魔萬難愈惺惺이니

直須敲出虛空髓하며

拔卻金剛腦後釘이니라

만약 이 일 공부工夫하는 것을 논의한다면 정히 쇠 배〔鐵船〕를 만들어 바다로 들어가서 여의보주如意寶珠를 얻는 것과 같다. 만듦과 만들지 못함을 묻지 않고 다만 맹팔랑孟八郎이 가져가서 문득 하루아침에 배를 만들어 바다에 들어가 구슬을 얻어 와서 나〔老僧〕에게 바치더라도 너와 함께 한 방망이로 부수어 버림을 면하지 못할 것이다. 무슨 까닭인가? 이런 말을 들어 보지 못했는가? 유有가 이익利益이 되는 것은 무無로써 용用을 삼기 때문이다.[305]

若論此事의 用工之際인댄 正如打鐵船入海하야 取如意寶珠相似하니 莫問打得打不得하고 但孟八郎이 打將去하야 驀然一旦에 打得成入得海하며 獲得珠將來하야 呈似老僧이라도 不免與伊로 一槌擊碎리라 何故오 豈不見道아 有之以爲利하고 無之以爲用이니라

만약 참된 참구와 참된 깨달음을 논의한다면 정히 팔십 노인이

305 『도덕경道德經』 제11장第十一章에 나오는 말이다.

역풍逆風과 역수逆水를 향하여 한 척의 밑바닥 없는 쇠 배를 끄는 것과 같다. 올라감과 올라가지 못함이나 철저함과 철저하지 못함을 묻지 않고 다만 마음과 마음이 끊어짐〔間斷〕이 없으며, 생각 생각이 이지러짐이 없어서〔無虧〕 한 걸음 한 걸음에 평생의 기량伎倆을 다해 엿보고 끌어가서 발붙일 수 없는 곳과 힘줄이 끊어지고 뼈가 부러지는 지경〔時〕에 엿보아 도달하면[306] 문득 물과 바람이 되돌아설 것이다. 곧 이것이 집에 이른 소식이다. 지금 집에 도착한 자가 있지 않는가? (주장자를 한 번 내리고 이르기를) 십만 팔천이로다!

若論實參實悟인댄 正如八十翁翁이 向逆風逆水裏하야 牽一隻無底鐵船相似리니 不問上與不上과 徹與不徹하고 直須心心無間하며 念念無虧하야 一步一步에 盡平生伎倆睚將去하야 睚到着脚不得處와 筋斷骨折時하면 驀然水轉風回하리니 卽是到家消息이니라 卽今에 莫有到家底麽아 卓拄杖一下云 十萬八千이로다

이 일을 논의하자면 오랜 세월〔長劫〕 동안 닦아 공덕 쌓음을 빌리지 아니한다. 또한 똑똑함과 어리석음, 영리함과 우둔함, 오래 익힘과 처음 공부함을 묻지 아니하고 다만 맹팔랑孟八郎이 위망危亡과 득실得失을 돌아보지 아니하고 큰 분심憤心을 내며 큰 의정疑情을 일으키되 선재동자善財童子가 승열바라문勝熱婆羅門을 참례參禮하여 큰 불덩어

306 은산철벽銀山鐵壁, 진무심眞無心을 말한다.

리 가운데에 몸을 던져 들어가는 것과 같이 하는 것이 다만 귀貴하다. 바로 이러한 때에 인人과 법法이 다 사라지고 심기心機가 끊어지면 좌지우지左之右之함에 축대가 맞고 맷돌이 맞게 될 것이다. 동산洞山의 '삼 서 근'[307]이 아니면 반드시 운문雲門의 '마른 똥 막대기'일 것이다.

만약에 도리어 산란散亂하고 혼침昏沈하거든[308] 나〔高峰〕를 직접 만났다고 말하지 말라. 바로 넉넉히 달마의 뱃가죽 속에 들어가서 한 바퀴 돌아 나오더라도 전과 같이 말라서 작은 일도 없을 것이다.

若論此事인댄 不假長劫熏修하야 積功累德하며 亦不問賢愚利鈍과 久習初機하고 只貴孟八郎漢이 不顧危亡得喪하고 發大憤志이며 起大疑情호대 如善財童子ㅣ叅勝熱婆羅門하야 大火聚中에 投身而入이니 正恁麽時하야 人法俱忘하고 心機悶絶하면 左之右之에 築着磕着하리니 不是洞山麻三斤이면 定是雲門乾屎橛이니라

若還猥猥㑳㑳하며 魍魍魎魎인댄 莫道親見高峰하라 直饒向老胡肚皮裏하야 打一遭라도 依前乾沒一星事리라

307 어떤 스님이 동산스님에게 묻기를 "무엇이 부처입니까?" 하니, 동산스님이 대답하기를 "삼 서 근이다."라고 하였다.(僧問洞山 如何是佛 洞山云 麻三斤. 『景德傳燈錄』卷第二二, 大正藏 卷第五一 四五五上~中)

308 외외최최猥猥㑳㑳는 산란散亂이고 망망양양魍魍魎魎은 혼침昏沈이다.

【요지】

본래부처의 입장에서 시각始覺의 입장을 부정하였다. 힘줄이 끊어지고 뼈가 꺾이는 과정을 통하여 집에 이른다는 것과 집에 이른 자가 있다는 고봉 스스로의 말까지 모두 부정하였다. 그러나 대분심大憤心, 대의정大疑情, 대용맹심大勇猛心을 가지고 산란散亂과 혼침昏沈을 극복하여 인법人法과 심기心機가 사라져야 대오大悟에 이를 수 있다는 방편설을 부득이 덧붙였다.

27. 직옹 거사直翁居士에게 답하는 글

보내온 편지에서 질문한 것은 모두 학인學人들이 공부工夫하는데 의심나고 모르는 것〔疑惑〕을 가려서 말한 것이니 당연히 이를 해결하여 만학晩學과 초기初機들로 하여금 향해 나아가는〔趣向〕 데 걸림이 없게 하겠다. '평상심平常心이 도道인가? 무심無心이 도道인가?'를 물었는데 이 평상심과 무심이라는 말이 몇 사람이나 성취시켰으며 몇 사람이나 그르쳤는가?

가끔 진흙 가운데 가시가 있으며 웃음 가운데 칼이 있는 것[309]을 알지 못하는 자는 어찌 몽둥이를 휘둘러 달을 때리며 대나무를 가지고 하늘에 점을 찍으려는 것과 같을 뿐이겠는가? 옛사람이 일언반구一言半句로 대답하되 날카로운 취모검吹毛劍을 휘둘러 바로 사람의

---

309 무심無心 가운데 평상심平常心, 평상심 가운데 무심을 뜻한다.

생명生命[310]을 끊고자 하는 것과 같았다. 만약 가죽 아래에 피가 흐르는 사람이라면 바로 깨달아서 다시는 헤아리고 의론議論함이 없어야 한다. 만약 아픈 것과 가려운 것을 구별하지 못하는 사람을 만나면 비록 넉넉히 해골이 땅에 두루 가득하더라도 또한 말라서 별만한 작은 일도 없을 것이다. 또 돌 가운데 옥을 감춘 것과 같아서 식견이 있는 사람은 여러 개의 성城과 바꿀 수 있는 옥[311]이 들어 있음을 알지만 식견이 없는 사람은 다만 한 개의 돌덩어리로만 본다. 대개 고인의 입각처立脚處를 보려고 하면 어구 상語句上에서 찾으려 해서는 안 된다. 또 말하라. 이미 어구語句에 있지 않다면 어느 곳에서 찾아야 하는가?

※[312]만약 이 속에서 깨달으면〔薦得〕, 곧 이 일은 닦고 다스림을 빌리지 않는다는 것을 알게 될 것이다. 몸이 팔을 사용하는 것과 같고 팔이 주먹을 쓰는 것과 같아서 지극히 나타나 있으며 지극히 힘을 덜게 된다. 다만 믿음이 충만해야 곧 옳다. 어찌 눈을 부릅뜨고 눈썹을 치켜세우며 모양을 만들어서[313] 한 글자[314] 보기를 기다리겠는가?

---

310 분별식심分別識心의 명근命根을 말한다.

311 연성지벽連城之璧은 평상심平常心과 무심無心이 둘이 아님을 뜻한다.

312 주장자로 허공에 이런 그림을 그려 법을 보인 것이다.

313 인위적으로 억지로 닦고 증득하는 것을 뜻한다.

314 ※ 주장자로 허공에 이런 그림을 그려 법을 보인 것이다.

答直翁居士書 其二七

來書置問이 皆是辨論學人의 用工上疑惑處로니 當爲決之하야 俾晚學初機로 趣向無滯호리라 問平常心이 是道아 無心이 是道아하니 此平常心無心之語ㅣ 成却多少人하며 誤卻多少人이어뇨

往往에 不知泥中有刺하고 笑裡有刀者는 何啻如掉棒打月과 接竹點天이리요 古人이 答一言半句호대 如揮吹毛利刀直欲便要斷人命根이니 若是箇皮下有血底인댄 直下承當하야 更無擬議어다 若撞着箇不知痛痒底인댄 縱饒髑髏遍地라도 也乾沒星子事리라 又如石中藏玉하야 識者는 知有連城之璧이어니와 不識者는 只作一塊頑石視之하나니 大抵要見古人立地處인댄 不可向語句上着到니라 且道하라 旣不在語句上인댄 畢竟在甚麽處着到오

※若向者裏薦得하면 便知此事ㅣ不假修治하리라 如身使臂하며 如臂使拳하야 極是成現이며 極是省力이리니 但信得及便是니라 何待瞠目竪眉하며 做模打樣하야 看箇一字리요

만약 혹 그렇지 못하다면 고인古人이 말하기를 "무심無心을 일러 도道라고 하지 말라. 무심도 오히려 한 겹의 관문이 막혀 있다."[315]고

---

315 그대에게 묻건대 마음이란 어떤 것이기에 어떤 사람이 감히 마음을 전해 줄 것인가? 영겁토록 변함없어 다른 모습이 없으니 마음이라 불러도 일찍이 빈말이 되었네. 본래 허공의 성품을 알려고 하면 붉은 화로 가운데 연꽃이라 비유하겠네. 무심을 도라고 이르지 말라. 무심도 오히려 한 겹의 관문이 막혀 있으니.(問君心印作何顔 心印何人敢授傳 歷劫坦然無異色 呼爲心印朝虛言 須知本自虛空性 將喩紅爐火裏蓮 莫謂無心云是道 無心猶隔一重關.『景德傳燈錄』

하였으니 어찌 한 겹에 그치겠는가? 다시 백천만 겹이 가려져 있음을 반드시 알아야 한다. 진실로 분한 뜻〔憤志〕을 내어 정진하여 한 번 죽는 공부를 하지 않는다면 어찌 목석과 다르겠는가? 무릇 공부를 하여 지극한 데〔極則處〕에 이르면 반드시 자연스럽게 무심삼매無心三昧에 들어갈 것이니 그 앞의 무심과는 하늘과 땅만큼 서로 다를 것이다. 노호老胡가 말하되 "마음이 장벽과 같아야 한다."[316]고 하시며, 부자夫子가 석 달 동안 맛을 잊었으며[317] 안회顔回는 종일終日 어리석은 것 같았으며[318] 가도賈島는 퇴고推敲를 취하고 버리니[319] 이런 일들이 곧 무심無心의 종류이다.[320]

이 안에 이르러서는 드는 주관과 들리는 객관〔能擧所擧〕, 의심하는

卷第二九, 大正藏 卷第五一 四五五上~中)

316 보리달마의 '마음이 장벽과 같아야 도에 들어갈 수 있다.(心如墻壁 可以入道)'는 말이다.

317 공자가 제齊나라에서 순임금의 풍류風流인 소韶를 듣고 그 음악에 감동하여 석 달 동안 고기 맛을 잊었다는 『논어論語』 '술이述而'에 나오는 이야기다.

318 『논어論語』 '위정爲政'에 나오는 "내가 안회와 더불어 종일 이야기함에 어기지 않음이 어리석은 것과 같더니 물러나 그 사생활을 살펴보니 또한 족히 발명發明했으니 안회는 어리석지 않도다!(子曰吾與回 言終日 不違如愚 退而省其私 亦足以發 回也 不愚)"라는 말로 안회가 스승 공자의 가르침을 말없이 알고 실천한 것을 뜻한다.

319 가도賈島가 '승퇴(고)월하문(僧推(敲)月下門)'이라는 시구를 얻어 퇴推와 고敲자를 놓고 어느 것을 사용할까 골똘히 생각하다가 한유韓愈의 행차에 부딪쳤다는 이야기다.

320 공자가 순임금의 음악에 심취한 것이나 안회가 스승의 가르침을 말없이 실천한 것, 가도가 글자를 놓고 고심하는 것 등은 엄밀한 의미에서 불교의 무심과는 다르다. 다만 거사에게 방편으로 이런 예를 들어보였을 뿐이다.

주관과 의심되는 객관〔能疑所疑〕이 둘 다 없어지고 둘 다 사라지며, 없음이 없다는 것도 또한 없어진다.[321] 향엄香嚴스님이 소리를 들은 것과 영운靈雲스님이 색色을 본 것과 현사玄沙스님이 발로 찬 것과 장경長慶스님이 주렴珠簾을 걷은 것이 다 이 무심으로 말미암아 깨달은 것이 아님이 없다. 이 속에 이르러서는 설사 털끝만큼이라도 깨닫기를 기다리는 마음이 일어나고 조금〔纖塵〕이라도 정진하려는 생각이 일어나면 곧 훔치는 마음[322]이 쉬지 않으며 주관과 객관이 사라지지 않은 것이니, 이 하나의 병은 다 도道를 막는 발단發端이다. 만약 진공眞空에 계합契合해 깨달아서 옛사람의 지위地位에 몸소 이르고자 한다면 반드시 진실하고 바르게 해서 무심삼매無心三昧에 이르러야 비로소 옳다.

그러나 이 무심을 너에게 깨우쳐 준 것이 자못 분명하지만 내가 다시 게송으로 증명證明하겠다.

이것을 얻지 못하면 어찌 저것을 얻겠는가?[323]
이미 저것을 얻고서는 이것을 잊느니라.

그러하기가 비록 이와 같더라도 다시 모름지기 이것과 저것은 다 가짜라고 알아야 한다. 분명하고 진실한 것은 '적嚽'이다. 돌咄!

---

321 진무심眞無心을 뜻하다

322 주객主客을 아직 초월하지 못한 마음을 뜻한다.

323 이것과 저것은 무심無心과 평상심平常心을 뜻한다.

아지랑이와 허공 꽃이다.

儻或不然인댄 古云莫道無心云是道하라 無心猶隔一重關이라하니 何止一重이리요 更須知有百千萬重在니라 苟不發憤志精進하야 下一段死工夫면 豈於木石之有異乎아 凡做工夫하야 到極則處하면 必須自然入於無心三昧하리니 却與前之無心으로 天地相遼리라 老胡云心如墻壁이라하시며 夫子는 三月忘味하시고 顔回는 終日如愚하며 賈島는 取捨推敲하니 此等이 卽是無心之類也니라

到者裏하야는 能擧所擧와 能疑所疑ㅣ雙忘雙泯하며 無無亦無하리니 香嚴聞聲과 靈雲見色과 玄沙塱指와 長慶捲簾이 莫不皆由此無心而悟也니라 到者裏하야는 設有毫釐待悟心이 生하며 纖塵精進念이 起하면 卽是偸心이 未息이며 能所未忘이나 此之一病은 悉是障道之端也니라 若要契悟眞空하야 親到古人地位인댄 必須眞正하야 至於無心三昧라사 始得다 然이나 此無心을 汝譬頗明이어니와 吾復以偈證之호리라

不得者箇면 爭得那箇리요

旣得那箇하야는 忘卻者箇니라

然雖如是나 更須知道者箇那箇ㅣ摠是假箇니라 的的眞底는 聻이니 咄! 陽燄空華로다

【요지】

처음에는 무심無心이 평상심平常心이고 평상심이 무심임을 보이고, 어구상語句上에 집착하는 것과 사량분별思量分別에 빠지는 것으로는

도에 이를 수 없다고 전제했다. 믿음과 분심을 가지고 한번 죽는 공부를 하여 무심삼매無心三昧, 진무심眞無心에 들어가야 깨달음을 이룰 수 있다고 했다. 그런데 진무심의 단계에 이르러서는 깨닫기를 기다리는 마음, 정진하려는 마음을 일으켜서는 안 된다고 했다. 끝에서는 이렇게 하여 얻은 깨달음조차도 다시 용납하지 않는 본분本分 자리를 내 보였다.

28. 앙산 노화상仰山老和尙[324]이 법 이음을 의심하는 것을 풀어드리는 편지

지난날 패궐敗闕[325]을 몸소 스승님 앞에 자세히 보여 드렸었는데 오늘 거듭 의심하시므로 처음부터 말씀드리겠습니다. 저는 열다섯 살에 출가하여 열여섯 살에 승려가 되었고 열여덟 살에 교敎를 익혔습니다. 스무 살에 옷을 갈아입고[326] 정자사淨慈寺에 들어가 삼 년의 죽을 기한을 정하고 선禪을 배우려고 단교화상斷橋和尙[327]에게 법을

---

324 앙산조흠(仰山祖欽, 1215-1287). 송대宋代 임제종 스님. 자字는 설암雪巖. 무준사범(無準師範 1178-1248)에게 참학하여 그의 법을 이어받았다.

325 자기의 깨달음을 겸손하게 표현해서 허물〔敗闕〕이라고 말할 수 있으나, 본분자리에서 보면 깨달음도 분명히 허물〔敗闕〕이라는 뜻이 여기에는 함축되어 있다.

326 선교율禪敎律의 유파에 따라 입는 옷 색깔이 달랐다. 선종에서는 치의緇衣, 교종에서는 청의靑衣, 율종에서는 목란색의木蘭色衣를 각각 입었다. 지금 고봉스님이 사교입선捨敎入禪하므로 옷을 갈아입는다고 하였다.

327 단교화상(斷橋和尙, 1201-1261). 불명佛名은 묘륜妙倫. 무준사범無準師範의 제

청하였습니다. '태어날 때에는 어디로부터 오며 죽으면 어디로 가는가?'를 참구하게 하셨으나 뜻이 두 갈래로 나누어져서 마음이 하나로 돌아가지 않았습니다. 또한 일찍이 그〔단교화상〕가 설명한 공부 방법이 분명하지 않았는데 어느덧 일 년이 넘는 세월이 지나가니 매일 다만 길을 잃은 사람과 같았습니다.

그때 삼 년 기한이 닥쳐옴으로 다만 번뇌 가운데 있었습니다. 문득 태주台州 정형淨兄[328]을 만났는데 '설암화상雪巖和尙이 항상 너의 공부하는 것을 묻는데 어찌 한 번 가지 않는가?'라고 하였습니다. 이에 기뻐서 향을 품고 북간탑北磵塔[329]에 나아가 법을 청하였습니다. 바야흐로 향을 꽂고 안부를 물으려 하는데 한 방의 주먹으로 아프게 때려 쫓아내시고 곧 문을 닫아버리셔서[330] 길에서 눈물을 흘리고 승당僧堂에 되돌아왔습니다. 다음날 아침 공양이 끝나고 다시 올라가서 비로소 친견할 수 있었습니다. 곧 이전의 공부하던 곳을 물으시거늘 제가 일일이 바쳐 말씀드리니 그 자리에서 문득 그전에 쌓은 병을 끊어 제거해 버리시고 도리어 저로 하여금 무자無字를 참구하게 하셨습니다. 처음부터 개발開發하여 한번 공부를 하니 깜깜한 데서 등불을 얻은 것 같고 달아 매인 곳에서 구원을 얻은 것과 같았습니다. 이로부터 공부工夫하는 방법을 알았습니다.

자. 앙산설암화상과는 사형사제간이다.

328 고봉선사의 수행 도반이다

329 삼탑사三塔寺를 말한다.

330 최상근기最上根機에게 최상의 법을 쓴 것이다.

通仰山老和尙疑嗣書 其二八

昔年敗闕을 親曾剖露師前이러니 今日重疑하실새 不免從頭拈出하노이다 某甲이 十五歲에 出家하고十六에 爲僧하고 十八에 習敎하고 二十에 更衣入淨慈하야 立三年死限하고 學禪호려하야 請益斷橋和尙호니 令叅箇生從何來며 死從何去오하야하시늘 意分兩路하야 心不歸一하며 又不曾得他의 說做工夫處分曉하야 看看擔閣一年有餘호니 每日에 只如箇迷路人相似러이다

那時에 因被三年限逼하야 正在煩惱中이러니 忽見台州淨兄호니 說雪巖和尙이 常問你의 做工夫하시니 何不去一轉고하야늘 於是에 欣然懷香하고 詣北磵塔頭하야 請益할새 方問訊揷香에 被一頓痛拳打出하시고 卽關却門하야 一路垂淚하고 回至僧堂호이다 次日粥罷에 復上하야 始得親近하사오니 卽問已前做處어시늘 某甲이 一一供吐호니 當下에 便得勦除日前所積之病하시고 却令看箇無字어시늘 從頭開發하야 做工夫一遍호니 如暗得燈하고 如懸得救라 自此로 方解用工處호이다

또 (저로) 하여금 매일매일 한 번씩 올라오게 하여 공부 쓰는 차제次第 보기를 사람이 길을 가는데 매일매일 일정日程을 보는 것과 같이 하셔서 오늘도 이럭저럭하며 내일도 이럭저럭함을 용납하지 않으셨습니다. 매일 들어오는 것을 보자 문득 금일 공부는 어떠한가 물어서 말에 실마리가 있는 것을 보면 마침내 공부 짓는 것을 묻지 않으셨습니다. 한번은 문에 들어감에 문득 물으시기를 '누가 너와 더불어 이 죽은 송장을 끌고 왔는가?' 하시며 소리가 끝나지도 않았는

데 곧 아픈 주먹으로 때려 쫓아내셨습니다. 다만 매일 이렇게 물으시고 이렇게 때리시니 바로 핍박함을 입어서 조그마한 애제涯際가 있었습니다.[331] 남명사南明寺로 부임赴任하라는 요청으로 노화상께서 떠나실 때에 부촉咐囑하여 이르시기를 '내가 원院에 들어가고 나서 사람을 시켜 너를 데리러 오겠다.' 하시고 그 뒤에 마침내 소식이 끊어졌습니다. 곧 상주常州의 택형澤兄[332]과 더불어 도반道伴을 맺어 같이 가려고 왕가교王家橋의 속가俗家집에 이르러 행장을 정돈했는데 느닷없이 속가의 아버지께서 우리들이 나이 어리고 또 초행길이라 염려하여 걸망과 도첩度牒을 다 빼앗으셨습니다. 이때가 이월 초였습니다. 제방에 입방할 곳을 다 찾지 못해서 보자기를 가지고 경산徑山[333]에 올라가 이월 보름에 선당禪堂에 들어감을 면치 못했습니다.

又令日日上來一轉호대 要見用工次第를 如人이 行路에 日日要見工程이니 不可今日也恁麽하며 明日也恁麽라하더이다 每日纔見入來하시고 便聞今日工夫는 如何오하사 因見說得有緖면 後竟不問做處하시고 一入門에 便問阿誰與你로 拖者死屍來오하사 聲未絶에 便以痛拳으로 打出하사 每日에 只恁麽問하시고 恁麽打하시니 正被逼拶하야 有些涯際호이다 値老和尙의 赴南明請하사와 臨行에 囑云我去入院了코 却

331 물가로 점점 몰아가듯이 공부가 깊어지는 것을 말한다.

332 고봉스님과 함께 수행하던 도반道伴이다.

333 단교화상斷橋和尙이 주석하던 절 이름이다.

令人으로 來取你라하시고 後竟絶消息이어늘 卽與常州澤兄으로 結件同往하려하야 至王家橋俗親處하야 整頓行裝호니 不期에 俗親이 念某甲等의 年幼하고 又不曾涉途라하야 行李度牒을 摠被收却호니 時는 二月初에 諸方掛搭에 皆不可討일새 不免挑包上徑山하야 二月半에 歸堂호이다

문득 다음 달 십육일 밤 꿈에 단교화상이 방안에서 들어 준 '만법이 하나로 돌아가니 하나는 어디로 돌아가는가?' 하는 화두話頭가 기억났습니다. 이로부터 의정疑情이 갑자기 일어나서 한 덩어리를 이루어 바로 동서를 분별하지 못하며 자고 먹는 것도 잊었습니다. 제 육일에 이르러 진시辰時와 사시巳時 사이에 낭하廊下에서 경행經行하다가 여러 대중들이 승당僧堂에서 나오는 것을 보고 자기도 모르는 사이에 무리 속에 섞여 삼탑각사三塔閣寺에 올라가서 독경을 하다가 머리를 들어서 문득 오조연화상五祖演和尙의 진영찬眞影贊[334] 끝 두 글귀에 이르기를 '백년 삼만 육천 아침에 반복하는 것이 원래 이놈이다.'라는 글을 보고, 일전日前에 노화상老和尙이 물으신 '죽은 송장 끌고 다니는 놈이 누구인가?'라는 화두를 바로 타파하니 곧 혼이 나가고 쓸개가 떨어져 끊어진 뒤에 다시 소생했습니다.[335] 어찌 일백이십 근의 짐을 내려놓은 것과 같을 뿐이었겠습니까? 이때가 신유년 삼월 이십이일

---

334 고승高僧이나 선지식善知識의 초상을 그린 진영眞影에 기록하는, 찬탄하는 내용의 게송을 말한다.

335 은산철벽銀山鐵壁을 투과透過하는 것이다.

소림 달마스님의 기일忌日이었습니다. 그때 나이가 마침 이십사 세라 삼 년의 기한을 채웠습니다. 문득 남명사南明寺에 나아가 점검을 받고자 했으나 핍박하는 여름을 어찌 견뎠겠습니까? 여러 향인鄕人도 또한 허용하지 않았습니다.

바로 여름이 지나감에 바야흐로 남명사南明寺에 이르러 하나의 패궐敗闕을 드렸습니다. 방장실方丈室에서 비록 누차 단련함을 입어 밝게 공안을 터득하고는 또한 남의 속임을 받지 않게 되었으나 입을 여는데 미쳐서는 마음이 또한 혼돈渾敦함을 알았습니다. 일용 가운데 오히려 자유를 얻지 못함이 남의 빚을 지고 갚을 돈이 모자라는 것과 같았습니다. 다만 거기 머물며 종신토록 시봉侍奉을 하고자 했더니 뜻밖에 택형澤兄과 동행하여 다른 산에 가는 일이 있어서 급히 좌하座下를 떠나게 되었습니다.

忽於次月十六夜夢中에 忽憶斷橋和尙의 室中所擧萬法歸一一歸何處話호니 自此로 疑情이 頓發에 打成一片하야 直得東西不辨하며 寢食俱忘호이다 至第六日하야 辰巳間에 在廊下行이라가 見衆僧이 堂內出하고 不覺에 輥於隊中하야 至三塔閣上하야 諷經이라가 擡頭하야 忽覩五祖演和尙의 眞贊末後兩句에 云百年三萬六千朝에 返覆元來是這漢하고 日前被老和尙의 所問拖死屍句子를 驀然打破호니 直得魂飛膽喪하야 絶後再甦호이다 何啻如放下百二十斤擔子리잇고 乃是辛酉二月廿二少林忌日也러이다 其年이 恰廿四歲라 滿三年限코사 便欲造南明求決이나 那堪逼夏리잇고 諸鄕人도 亦不容이러이다

直至解夏코사 方至南明하야 納一場敗闕호니 室中에 雖則累蒙煆煉하야 明得公案코는 亦不受人瞞인나 及乎開口하야는 心下又覺得渾了하야 於日用中에 尙不得自由호미 如欠人債相似라 正欲在彼하야 終身侍奉이러니 不料同行澤兄으로 有他山之行일새 遽違座下호이다

을축년乙丑年이 되어 노화상이 도량道場에서 방부를 받는 때에 또 의탁함을 얻어서 따라가 모시고 천영사天寧寺에 가다가 중간에 힐문詰問함을 입었습니다.

"낮에 일상생활〔浩浩〕할 때에 도리어 주인이 되는가?"

대답해 말씀드리기를

"주인이 됩니다."

또 물으시기를

"꿈 가운데서 주인이 되는가?"

대답해 말씀드리기를

"주인이 됩니다."

또 물으시기를

"꼭 잠이 들어 꿈도 없고 생각도 없으며 보는 것도 없고 듣는 것도 없을 때에 주인공은 어느 곳에 있는가?" 하셨는데 여기서는 바로 가히 대답할 말이 없으며 가히 펼칠 이치가 없었습니다.

화상이 부촉咐囑해 말씀하시기를

"금일부터 또한 너는 불교를 배우고 법을 배우려 하지 말며, 또한 너는 옛을 궁구하고 이제를 궁구하려 하지 말라. 다만 배고프면

밥을 먹고 곤하면 잠을 자다가, 잠을 깨거든 곧 정신을 차려서 '나의 깨어 있는 한 주인공은 필경 어느 곳에서 안심입명安心立命하는가?' 라고 하라."고 하셨습니다. 비록 믿음이 충만하여 이 말을 준수하지만 자질이 느리고 둔하여 점점 밝히기 어려움을 어떻게 하였겠습니까?

드디어 용수사龍鬚寺에 갈 때 곧 스스로 맹세하여 이르기를 '일생을 버려서 어리석은 놈이 될지언정 반드시 이 일착자一着子를 명백히 밝히겠다.'고 다짐하였습니다. 오 년을 지나서 하루는 암자에서 자다가 잠에서 깨어 다만 이 일을 의심했더니 홀연히 같이 자던 도우道友가 목침을 밀어 땅에 떨어져 소리가 남에 문득 의단疑團이 깨어지니 그물 안에서 뛰어 나온 것과 같았습니다. 일전에 의심했던 부처와 조사의 거짓 공안[336]과 고금의 차별 인연을 미루어 생각해 보니 흡사 사주泗州에서 대성大聖을 만나며[337] 멀리 갔던 나그네가 고향에 돌아온 것과 같아서 원래 다만 이 옛날 사람이며 옛날 행동하던 것을 고치지 않았습니다.[338] 이로부터 나라가 편안하고 국가가 안정되며 천하가 태평하여 한 생각이 무위無爲함에 시방을 앉아서 끊었습니다. 위와 같이 말씀드린 것은 다 진실이오니 엎드려 바라옵건대 존자尊慈께서는 특별히 자상한 보살핌을 내려 주십시오.

---

336 깨치고 나면 공안公案조차도 거짓이기 때문에 효와공안誵訛公案이라 했다.

337 재물을 훔친 도둑이 도둑질이 탄로나 잡히게 되었으나 먼저 그 재물을 시주한 공덕으로 사면赦免이 되도록 도와주었던 보광사普光寺 승가대사僧伽大士를 만난 것을 말한다.

338 본분사本分事에서 행주좌와 어묵동정行住坐臥語默動靜하는 것을 말한다.

至乙丑年하야 老和尙이 在道場하사 作掛牌時에 又得依附하야 隨侍赴天寧할새 中間에 因被詰問하사오니 日間浩浩時에 還作得主麼아 答云作得主호이다 又問睡夢中에 作得主麼아 答云作得主호이다 又問正睡着時에 無夢無想하며 無見無聞커니 主在甚麼處오하야시늘 到者裏하야는 直得無言可對하며 無理可伸이러이다

和尙이 却囑云從今日去로 也不要你의 學佛學法하며 也不要你의 窮古窮今하노니 但只飢來喫飯하며 困來打眠하고 纔眠覺來에 却抖擻精神호대 我 者一覺主人公은 畢竟在甚處하야 安身立命고하라하야시늘 雖信得及하야 遵守此語나 奈資質이 遲鈍하야 轉見難明하리잇고

遂有龍鬚之行할새 卽自誓云호대 拚一生하여 做箇癡獃漢이언정 定要見者一著子明白호리라하더니 經及五年하야 一日에 寓庵宿이라가 睡覺에 正疑此事러니 忽同宿道友推枕子하야 墮地作聲에 驀然打破疑團호니 如在網羅中跳出이러이다 追憶日前에 所疑佛祖의 誵訛公案과 古今差別因緣호니 恰如泗州에 見大聖하며 遠客이 還故鄕하야 元來只是舊時人이라 不改舊時行履處러이다 自此로 安邦定國하며 天下太平하야 一念無爲에 十方坐斷호이다 如上所供은 並是詣實이오니 伏望尊慈는 特垂詳覽하소서

【요지】

고봉스님은 꿈도 없고 생각도 없을 때〔無夢無想時〕의 일각주인공一覺主人公을 깨친 후 무슨 이유로 말미암아 스승인 설암(雪巖, 일명 仰山)화상에게 점검點檢, 인가認可를 받지 않았는지는 밝히지 않았

다. 그래서 설암화상이 두 번이나 법의 계승에 대하여 의심하므로 편지로 자세히 공부 과정과 깨달은 기연을 스승인 설암스님에게 말씀드리고 자기가 설암스님의 법을 이었음을 밝혔다.

29. 방장실의 세 관문

밝은 해가 공중에 떠올라 비치지 않는 곳이 없으나
무엇 때문에 한 조각 구름에 차단되는가?

사람사람이 그림자가 있어 조금도 떠나지 않으나
무엇 때문에 밟지 못하는가?

온 대지가 이 불구덩인데
어떤 삼매를 얻어야 불타지 않겠는가?

室中三關 其二九

杲日이 當空에 無所不照어늘 因甚하야 被片雲遮却고

人人이 有箇影子하야 寸步不離호대 因甚踏不着고

盡大地是箇火坑이라 得何三昧하야사 不被燒却고

【요지】

깨달음을 점검하는 세 관문.

찾아보기

【ㅈ】

高峯和尚禪要

參禪雖以不立文字不假修證爲宗然旣已
參則必有要要者何如網之有綱衣之有領
使人一舉而徑得其直遂者是也萬目非不
網也捨綱舉目網必不張萬縷非不衣也遺
領挈縷衣必不振求要而摘葉尋枝我
不能枝葉而求要根本固要也學者於昧
其根本事湖海之要在[illegible]擇善而從
可也[illegible]

此[illegible]乃至經上祖師[illegible]一語一言固
無非綱領奈何世降道漓偽日滋心無
識有以蠱蝕之則視綱領爲目縷者蓋擧
擧矣我
師高峯和尚自出學峯而西峯二十餘年念
此之故不獲已示人拘的如神藥刀圭而起
死靈符點畫而驅邪旋有採其言方秘
呪將以爲學徒綱領者或曰獲會在目不

在綱衆寒在縷不在領以爲四十法門門
可以目與縷果非要耶將應之曰世尊說
門信廣大無邊顧乃說爲方便獨示一門
使諸子出火宅而以大乘是猶目縷爲綱
領耳然則綱耶目耶領耶縷耶要耶
非要耶未具頂門正眼者可以易言
也參祖[illegible]西峯法席[illegible]妙集宗[illegible]
法語之功於參[illegible]

有若[illegible]吾之一見[illegible]衆中上人[illegible]
然歎慕緣鋟梓且俾喬祖爲序喬祖
旣已承命復告之曰師別有一要訣在綱
領外藏之虛空骨中兄欲鋟我欲序皆
不能當俟它日更作一番揭露云至元甲午
重九日矢目參學直翁洪喬祖謹書

古靈以閱經爲鑽故紙輪扁以讀書爲
味糟粕良以道不可以言語文字求也
然道無方體無形似非言語文字何從而
明之是以吾 佛世尊雖隨機化誘曲成
萬類而不能不談十二部修多羅達磨西來雖
不立文字而授受之際口傳面命亦不能
忘言蓋道雖不在於言語文字實不離於
言語文字特精微之旨其於辭說表見之外
易窺故學者[illegible]語不依於[illegible]
會其精微徒觀標月之指不觀當天之
月遂以言語文字爲礙致使古靈輪扁發
而爲故紙糟粕之譏豈言語文字之所以
發明心義模寫道妙初何嘗礙道哉
高峯老師說法如雲如雨直翁洪君撮
其奇秘名曰禪要永中上人從而鋟梓
以廣其傳舉綱而得綱挈裘而振領將俾
學者因法語之要以會道體之全其用心
後學之心可謂篤矣學者於此果能優
柔以求之饜飫以趨之渙然冰釋怡然理
順則工夫次第進趣操略
老師已和盤托出盡在此書矣特患學
者未能猛烈承當耳嗚呼扁鵲方中豈有
靈藥或名神丹或名玄霜散四生起死
功在刹那是眼目着精神盡心力致
而形[illegible]不[illegible]者 老師之言豈欺
汝也學者愼無錯認古靈輪扁之言
而忘 老師諄諄之誨居士直翁永中
功不虛施亦使觀語錄而得發明者不
專美於前矣至元甲午十月哉生魄
參學清苕淨明朱 潁遠 謹跋

高峯和尚禪要

侍者 持正 録

參學直翁居士洪 喬祖 編

開堂普說

僧問十方同聚會箇箇學無為此是選佛場心空及第歸龐居士恁麽道還有為人處也無師云有進云畢竟在那一句師云從頭問將來進云如何是十方同聚會師云龍蛇混雜凡聖交參進云如何是箇箇學無為師云口吞佛祖眼蓋乾坤進云如何是選佛場師云東西十萬南北八千進云如何是心空及第歸師云動容揚古路不墮悄然機進云恁麽則言言見諦句句朝宗師云你甚處見得僧喝師云也是掉棒打月進云此事且止只如西峯今日十方聚會選佛場開畢竟有何祥瑞師云山河大地萬象森羅情與無情悉皆成佛進云既皆成佛因甚學人不成佛師云你若成佛爭教大地成佛進云畢竟學人過在甚麽處師云湘之南潭之北進云還許學人懺悔也無師云禮拜著僧纔拜師云獅子咬人韓盧逐塊師乃竪拂召大衆云此是選佛場心空及第歸伶俐漢若向者裏見得便見龐居士安身立命處既見龐居士安身立命處便見從上佛祖安身立命處既見佛祖安身立命處便見自己安身立命處既見自己安身立命處不妨向者裏拗折拄杖高掛鉢囊三條椽下七尺單前咬無米飯飲不濕羹伸脚打眠逍遙度日若是奴郎不辨菽麥不分抑不得已按下雲頭向虛空裏書一本上大人教諸仝依樣畫猫兒去也山僧昔年在雙徑歸堂未及一月忽於睡中疑著萬法歸一一歸何處自此疑情頓發廢寢忘餐東西不辨晝夜不分開單展鉢屙屎放尿至於一動一靜一語一默總只是箇一歸何處更無絲毫異念亦要起絲毫異念了不可得正如釘釘膠粘撼搖不動雖在稠人廣衆中如無一人相似從朝至暮從暮至朝澄澄湛湛卓卓巍巍純清絕點一念萬年境寂人忘如癡如兀不覺至第六日隨衆在三塔諷經次擡頭忽覩五祖演和尚真驀然觸發日前仰山老和尚問拖死屍句子直得虛空粉碎大地平沉物我俱忘如鏡照鏡百丈野狐狗子佛

性青州布衫女子出定話從頭密舉驗之便
了了般若妙用信不誣矣前所看無字將又三
載除二時粥飯不曾上蒲團困時亦不倚靠雖
則晝夜東行西行常與昏散二魔輥作一團做
盡伎倆打屏不去於着無字上竟不曾有一餉
間省力成片自決之後鞠其病源別無他故只
為不在疑情上做工夫一味只是舉舉時即有
不舉便無設要起疑亦無下手處設使下得手
疑得去只須刻間又未免被昏散打作兩橛於
是空費許多光陰空喫許多生受略無些子進

趣一歸何處却與無字不同且是疑情易發一
舉便有不待返覆思惟計較作意纔有疑情稍
稍成片便無能為之心既無能為之心所思即
忘致使萬緣不息而自息六窓不靜而自靜不
犯纖塵頓入無心三昧忽遇喫粥喫飯處管取
向鉢盂邊摸著匙筯不怕甕中走却鼈此是已
驗之方決不相賺如有一句誑惑諸人自招永
墮拔舌犂耕現前學般若菩薩必要明此一段
大事不憚山高水闊得得来見西峯況兼各各
然指然香立戒立願礪齒磨牙辨鐵石志既

如是操略如是知見切須莫負自己初心莫
父母捨汝出家心莫負新建僧堂檀信心莫負
國王大臣外護心直下具大信去直下發變異
去直下壁立萬仞去直下依樣畫猫兒去畫来
畫去畫到結角羅紋處心識路絕處人法俱忘
處筆端下驀然突出箇活猫兒来因元来盡大
地是箇選佛場盡大地是箇自己到者裏說甚
龐居士直饒三乘十地膽喪魂驚碧眼黃頭容
身無地然雖如是若要開鑿人天眼目發揚佛
祖宗猷更須將自己選佛場鎔作一團颺在

百千萬億世界之外轉身移步向威音那邊更
那邊打一遭却来喫西峯痛棒大衆既是和自
己颺了又將甚麼喫棒忽有箇不顧性命底漢
子聞恁麼舉出来掀倒禪床喝散大衆是則固
是要且西峯師子巖未肯點頭在

示衆

三世諸佛歷代祖師留下一言半句惟務衆生
超越三界斷生死流故云為一大事因
於世若論此一大事如馬前相撲又如電
裏穿針相似無你思量解會處無你計較

處所以道此法非思量分別之所能解是故
尊於靈山會上臨末梢頭將三百六十骨節八
萬四千毛竅盡底掀翻雖有百萬衆圍繞當
者惟迦葉一人而已信知此事決非草草若要
的實明證須開特達懷發丈夫志將從前惡知
惡解奇言妙句禪道佛法盡平生眼裏所見底
耳裏所聞底莫顧危亡得失人我是非到與不
到徹與不徹發大忿怒奮金剛利刃如斬一握
絲一斬一切斷一斷之後更不相續直得胷次
中空勞勞地虛豁豁地蕩蕩然無絲毫許滯礙

更無一法可當情與初無異喫茶不知茶喫
飯不知飯行不知行坐不知坐情識頓淨計較
都忘恰如箇有氣底死人相似又如泥塑木雕
底相似到者裏驀然脚蹉手跌心華頓發洞照
十方如杲日麗天又如明鏡當臺不越一念頓
成正覺非惟明此一大事從上若佛若祖一切
差別因緣悉皆透頂透底佛法世法打成一片
騰騰任運任運騰騰灑灑落落乾乾淨淨
箇無為無事出格真道人也恁麼出世一
回不負平生參學之志願耳若是此念輕微

不猛利毿毿毿毿魍魍魎魎今日也恁麼明
日也恁麼設使三十年二十年用工一如水浸石
頭相似看看逗到臘月三十日十箇有五雙懡
㦬而去致令晚學初機不生敬慕似者般底漢
到高峯門下打殺萬萬千千有甚麼罪過今日
我之一衆莫不皆是俊鷹快鷂如龍若虎舉一
明三目機銖兩豈肯作者般體態兀兀度時然
雖如是正恁麼時畢竟喚甚麼作一大事若也
道得與汝三十拄杖若道不得亦與三十拄杖
何故卓拄杖一下云高峯門下賞罰分明

予假此來二十四年常在病中求醫服藥歷盡
萬般艱苦爭知病在膏肓無藥可療後至雙徑
夢中服斷橋和尚所授之丹至第六日不期觸
發仰山老和尚所中之毒直得魂飛膽喪絕後
再甦當時便覺四大輕安如放下百二十斤一
條擔子相似今將此丹普施大衆汝等服之先
將六情六識四大五蘊山河大地萬象森羅總
鎔作一箇疑團頓在目前不假一鎗一旗
悄地便似箇清平世界如是行也只是箇
坐也只是箇疑團著衣喫飯也只是箇疑團

屎放屎也只是箇疑團以至見聞覺知摠只
箇疑團疑来疑去疑至省力處便是得力處不
疑自疑不舉自舉從朝至暮粘頭綴尾打成一
片無絲毫縫罅撼亦不動趂亦不去昭昭靈靈
常現在前如順水流舟全不犯手只此便是得
力底時節也更須慤其正念慎無二心展轉磨
光展轉淘汰窮玄盡奧至極至微向一毫頭上
安身孤孤迴迴卓卓巍巍不動不搖無来無去
一念不生前後際斷從茲塵勞頓息昏散勦除
行亦不知行坐亦不知坐寒亦不知寒熱亦不

知熱喫茶不知茶喫飯不知飯終日獃獃憃憃
恰似箇泥塑木雕底故謂墻壁無殊纔有者境
界現前即是到家之消息也決定去地不遠也
巴得搆也撮得著也只待時刻而已又却不得
見恁麼說起一念精進心求之又却不得將心
待之又却不得要一念縱之又却不得要一念
棄之直須堅凝正念以悟為則當此之際有八
萬四千魔軍在汝六根門頭伺候所有一[illegible]
異殊勝善惡應驗之事隨汝心設隨汝心[illegible]
汝心求隨汝心現凡有所欲無不遂之汝若

起毫釐差別心擬生纖塵妄想念即便墮他圈
繢即便被他作主即便聽他指揮便乃口[illegible]魔
話心行魔行反誹他非自譽真道般若正因從
茲永泯菩提種子不復生芽劫劫生生常為伴
侶當知此諸魔境皆從自心所起自心所生心
若不起爭如之何天台云汝之伎倆有盡我之
不采無窮誠哉是言也但只要一切處放教冷
冰冰地去平妥妥地去純清絕點去一念萬年
去如箇守屍鬼子守来守去疑團子欻然爆地
一聲管取驚天動地勉之勉之

示直翁居士洪新恩

終日共談不二未甞舉著一字復問此意如何
不免遞相鈍置父母非我親誰是最親者盲龜
跛鼈靈利漢向者裏薦得便見無邊刹境自他
不隔於毫端十世古今始終不離於當念其或
未然不妨撥轉機輪便就盲龜跛鼈上著些精
彩起箇疑情疑来疑去直教內外打成一片終
日無絲毫滲漏鯁鯁于懷如中毒藥相[illegible]又若
金剛圈栗棘蓬決定要吞決定要透但盡平生
伎倆憤將去自然有箇悟處假使今生不透

下眼光落地之時縱在諸惡趣中不驚不怖無
拘無絆設遇閻家老子諸大鬼王亦皆拱手何
故蓋爲有此般若不思議之威力也然則有諸
現業畢竟般若力勝如箇金剛幢子鑽之不入
撼之不動世人出於豪勢門墻亦復如是一切
官屬吏卒無不畏之又若擲物墮地重處先著
目即雖有成住壞空之相如龍脫殼如客旅居
其實本主無生無滅無去無來無增無減無老
無少自無始劫來至於今生頭出頭沒千變萬
化未嘗移易絲毫許堪嗟一等學人往往多認
者箇識神不求正悟不脫生死置之莫論今生
旣下此般若種子纔出頭來管取福慧兩全超
今越古裴相國李駙馬韓文公白樂天蘇東坡
張無盡即此之類也雖沈迷欲境亦不曾用工
纔參見善知識一言之下頓悟上乘超越生死
雖在塵中遊戲三昧不忘佛囑外護吾門咸載
祖燈續佛慧命此輩若不是宿世栽培焉得便
恁麼開花結子福足慧足是則固是今 山僧
却有箇假凡成聖底藥頭不假栽培底種子說
則辭繁略擧一偈欲明種子因熟讀上大人首

到可知禮盲龜跛鼈親

結制示衆

大限九旬小限七日箇中有細細中有密密
無間纖塵不立正恁麼時銀山鐵壁進則無門
退之則失如墮萬丈深坑四面懸崖荊棘須
猛烈英雄直要翻身跳出若還一念遲疑佛亦
救你不得此是最上玄門普請大家著力 山僧
雖則不管閑非越例與諸人通箇消息 ⊙⊙⊙

示衆

皮穿肉爛筋斷骨折具無礙辯橫說竪說若謂
同上一關敢保老兄未徹直須虛空粉碎大海
枯竭透頂透底內外澄澈正恁麼時猶是眼中
著屑大衆且道如何是到家底句泥牛喫鐵棒
金剛迸出血
若論此事如大火聚烈燄亘天曾無少間世間
所有之物悉皆投至猶如片雪點著便消爭容
毫末若能恁麼提持剋日之功萬不失一儻不
然者縱經塵劫徒受勞矣
海底泥牛啣月走巖前石虎抱兒眠鐵蛇鑽入
金剛眼崑崙騎象鷺鷥牽此四句內有一句

殺能活能縱能奪若檢點得出許汝一生參學事畢

若論此事譬如人家屋簷頭一堆榼擸相似從朝至暮雨打風吹直是無人覷著殊不知有一所無盡寶藏蘊在其中若也拾得百劫千生取之無盡用之無竭須知此藏不從外來皆從你諸人一箇信字上發生若信得及決不相誤若信不及縱經塵劫亦無是處普請諸人便恁麼信去免教做箇貧窮乞兒且道此藏即今在甚麼處 良久云 不入虎穴爭得虎子

解制示衆

九旬把定繩頭不容絲毫違作直得箇箇皮穿骨露七零八落冷眼看來正謂掘地討天千錯萬錯今日到者裏不免放開一線彼此無拘無束東西南北任運騰騰天上人間逍遙快樂然雖如是且道忽遇鑊湯爐炭劍樹刀山未審如何棲泊 良久云 惡

示衆

若要真正決志明心先將平日胷中所受一切善惡之物盡底屏去毫末不存終朝兀兀如癡與昔嬰孩無異然後乃可蒲團靜坐正念堅凝精窮向上之玄機研味西來之密旨切切拳拳兢兢業業直教絲毫無間動靜無虧漸至深密幽遠微細微細極微細處譬如有人遠行他方漸漸回途已至家舍又如鼠入牛角看看走至尖尖盡底又如捉賊討贓拷至情理俱盡不動不退無去無來一念不生前後際斷卓卓巍巍孤孤迥迥如坐萬仞崖頭又若停百尺竿上一念纔乖喪身失命將至功成九仞切須保任全提忽於經行坐卧處不覺囫地一聲猶如死漫天荊棘林中討得一條出身活路相似豈不快哉若是汨沒塵勞不求昇進譬如水上之浮木其性實下暫得身輕不堪浸潤又如庭中之花雖則色香俱美一朝色萎香滅無復可愛又如農夫之種田雖有其苗而工力不至終不成實便如貧窮乞兒得少為足又如萌芽再發荊棘復生被物之所轉終歸沈溺無上清淨涅槃無由獲覩豈不枉費前功虛消信施君是有志丈夫正好向者裏晦迹韜光潛行密用或三十年二十年以至一生終無他念踏得實實落落

穩穩當當直教纖塵不立寸草不生徃来無礙
去住自由報緣遷謝之日管取推門落臼若只
恁麽紙裹茅纏龍頭蛇尾非特使門風有玷亦
乃退後學初心如上所述管見莫不皆是鹵莽
之類飽人不堪供養以俟絕隙之流終有一指
之味徃徃學道之士忘却出家本志一向隨邪
逐惡不求正悟妄將佛祖機緣古人公案從頭
穿鑿遞相傳授密密珍藏以為極則便乃不守
毗尼撥無因果人我愈見崢嶸三毒倍加熾盛
如斯之輩不免墮於魔外永作他家眷屬看
未遭邪誘不負初心當念無常迅速痛思苦海
沈淪趣二時粥飯見成百般受用便當便好乗
時直入莫待臨嫁醫癭此乃從上佛祖之心印
無礙解脫之妙門設使機緣不偶工力未充切
須捨命忘形勤行苦行至死捹生一心不退復
有葛藤未盡不免重說偈言此心清淨本無瑕
只為貪求被物遮突出眼睛全體露山河大地
是空華
東西十萬南北八千纖塵不立寸草不生往来
無礙妙用縱横直饒親到者裏正是棄本逐末
引禍招殃且道如何是本擲主丈云拋出輪王
三寸鐵分明遍界是刀鎗
低頭覓天仰面尋地波波挈挈遠之遠矣驀然
撞著徐十三郎嗄元來只在者裏 以手拍膝一
下云 在者裏臘月三十日到来也是開眼見鬼

立限示衆

五陰山中魔強法弱戰之不勝休擬議著實翻
全提莫問生殺奮不顧身星飛火撤有功者賞
無功者罰賞罰既已分明且道今日與榜底上
座是賞耶是罰耶若向者裏緇素得出便見與
他於大覺棒下悟徹根底消息

示衆

參禪若要剋日成功如墮千尺井底相似從朝
至暮從暮至朝千思想萬思量單單只是箇求
出之心究竟决無二念誠能如是施工或三日
或五日或七日若不徹去西峯今日犯大妄語
永墮拔舌犁耕
有時熱閙閙有時冷冰冰有時如牽驢入井有
時如順水張帆因此四魔更相殘害致使學人
忘家失業西峯今日略施一計要與諸人掃蹤

滅跡[illegible]提
兄弟家成十年二十年撥草瞻風不見佛性往
往皆謂被昏沈掉擧之所籠罩殊不知只者昏
沈掉擧四字當體即是佛性堪嗟迷人不了妄
自執法爲病以病攻病致使佛性愈求愈遠轉
急轉遲設使一箇半箇回光返照直下知非廓
然樂病兩忘眼睛露出洞明達磨單傳徹見本
來佛性君[illegible]西峯點檢將來猶是生死岸頭事
若曰向上一路須知更在青山外[illegible]
[illegible]
[illegible]愈擇愈退退之又退直饒
退到大洋海底撥轉船頭決欲又要向彼中撲
上若具者般操志節是到家消息如人上山各
自努力
此事的實用工切處正如搭對相撲相似纔有
絲毫畏懼心纖塵差別念蘊于胸中可止十撲
九輸未著交時性命巳屬他人了也若是鐵眼
銅睛憤憤悱悱直要一拳打碎一只路却假使
喪身失命以至千生萬劫心心不忘諸上座果
能如是知非果能如是著鞭剋日成功斷無疑

共勉之勉之
晚參
參須實參悟須實悟動轉施爲輝今耀古若是
操心不正悟處不真粧粧點點鬪鬪飣飣被人
輕輕拶著未免喚燈籠作露柱且道如何是實
參實悟底消息良久云南山起雲北山下雨
示信翁居士 洪上舍
大抵參禪不分緇素但只要一箇決定信字若
能直下信得及把得定作得主不被五欲所撼
如箇鐵橛子相似管取剋日成功不怕甕中走
鼈豈不見華嚴會上善財童子歷一百一十城
參五十三善知識獲無上果亦不出者一箇信
字法華會上八歲龍女直往南方無垢世界獻
珠成佛亦不出者一箇信字涅槃會上廣額屠
兒颺下屠刀唱言我是千佛一數亦不出者一
箇信字昔有阿那律陀因被佛訶七日不睡失
去雙目大千世界如觀掌果亦不出者一箇信
字復有一少比丘戲一老比丘與證果位遂以
皮毬打頭四下即獲四果亦不出者一箇信字
楊岐參慈明和尚令充監寺以至十載打失鼻

孔道播天下亦不出者一箇信字從上諸佛諸
祖超登彼岸轉大法輪接物利生莫不皆由此
一箇信字中流出故云信是道元功德母信是
無上佛菩提信能永斷煩惱本信能速證解脫
門豈有善星比丘侍佛二十年不離左右蓋謂
無此一箇信字不成聖道尚墮泥犂今日信翁
居士雖處富貴之中能具如是決定之信昨於
壬午歲登山求見不納而回又於次年冬挾直
翁居士同訪始得入門今又越一載齎糧裹糝
特來相從乞受毗尼願為弟子故連日詰其

端由的有篤信趣道之志維摩經云高原陸地
不生蓮華卑濕淤泥乃生此華正謂此也山僧
由是憐之將箇省力易修曾驗底話頭兩手分
付萬法歸一一歸何處決能便恁麼信去便恁
麼疑去須知疑以信為體悟以疑為用信有十
分疑有十分疑得十分悟得十分譬如水漲船
高泥多佛大西天此土古今知識發揚此段光
明莫不只是一箇決疑而已千疑萬疑只是一
疑決此疑者更無餘疑既無餘疑即與釋迦彌
勒淨名龐老不增不減無二無別同一眼見同

一耳聞同一受用同一出沒天堂地獄任意逍
遙虎穴魔宮縱橫無礙騰騰任運任運騰騰故
涅槃經云生滅滅已寂滅為樂須知此樂非妄
念遷注情識之樂乃是真淨無為之樂耳夫子
云夕死可矣顏回不改其樂曾點舞詠而歸咸
佩此無生真空之樂也矣苟或不疑不信饒你
坐到彌勒下生也只做得箇依草附木之精靈
魂不散底死漢教中言二乘小果雖入八萬劫
大定不信此事去聖逾遙常被佛訶直欲發大
信起大疑疑來疑去一念萬年萬年一念的的

要見者一法子落著如與人結了生死冤讐相
似心憤憤地即欲便與一刀兩段縱於造次顛
沛之際皆是猛利著鞭之時節若到不疑自疑
寤寐無失有眼如盲有耳如聾不墮見聞窠臼
猶是能所未忘偷心未息切宜精進中倍加精
進直教行不知行坐不知坐東西不辨南北不
分不見有一法可當情如箇無孔鐵鎚相似能
疑所疑內心外境雙忘雙泯無無亦無到者裏
舉足下足處切忌踏翻大海踢倒須彌折旋俯
仰時照顧觸瞎達磨眼睛磕破釋迦鼻孔其或

未然更與儞箇注脚僧問趙州和尚萬法歸一
一歸何處州云我在青州作一領布衫重七斤
師云大小趙州拖泥帶水非特不能為者僧斬
斷疑情亦乃瞞天下衲僧死在葛藤窠裏西峯
則不然今日忽有人問萬法歸一一歸何處只
向他道狗舐熱油鐺信翁信翁若向者裏擔荷
得去只者一箇信字也是眼中著屑

示衆

兄弟家十年二十年以至一生絕世忘緣單明
此事不透脫者病在於何本分衲僧試拈出看
莫是宿無靈骨麽莫是不遇明師麽莫是一暴
十寒麽莫是根劣志微麽莫是汨沒塵勞麽莫
是沈空滯寂麽莫是雜毒入心麽莫是時節未
至麽莫是不疑言句麽莫是未得謂得未證謂
證麽若論膏肓之疾揔不在者裏既不在者裏
畢竟在甚麽處咄三條椽下七尺單前

若論此事如登一座高山相似三面平夷頂刻
可上極是省力極是利便若曰回光返照點檢
將來耳朶依前兩片皮牙齒依舊一具骨有甚
交涉有甚用處若是拏雲攫霧底漢子決定不
墮者野狐窟中埋沒自己靈光辜負出家本志
直向那一面懸崖峭壁無棲泊處立起佛越祖
心辦久久無變志不問上與不上得與不得今
日也拚命跳明日也拚命跳跳來跳去跳到人
法俱忘心識路絕驀然踏翻大地撞破虛空元
來山即自己自己即山山與自己猶是冤家若
要究竟衲僧向上巴鼻直須和座颺在他方世
界始得

一二三四四三二一鈎鎖連環銀山鐵壁覷得
破跳得出大千沙界海中漚一切聖賢如電拂
若是覷不破跳不出切須翻天覆地離巢越窟
便就一歸何處上東擊西敲橫拷豎逼逼來逼
去逼到無棲泊不柰何處誠須重加猛利翻身
一擲土塊泥團悉皆成佛若是不攙不越半進
半出蛇吞蝦蟆西峯敢道驢年始得

結制示衆

以拂子∴云大衆還會麽若也會得如來禪祖
師禪栗棘蓬金剛圈五位偏正三要三玄無不
貫串無不窮源到者裏說甚長期短期空觀假
觀得念失念無非解脫成法破法皆名涅槃若

也不會滲漏一[illegible]是各各[illegible]
来九十日中十二時內切切偲偲兢兢業業莫
問到與不到得與不得牢絆草鞋緊著脚頭如
氷稜上行劒刃上走捨命忘形但恁麼去纔到
水窮雲盡處煙消火滅時驀然踏著本地風光
管取超佛越祖直饒恁麼悟去猶是法身邊事
若曰法身向上事未夢見在何故欲窮千里目
更上一層樓

示衆

若論參禪之要不可執蒲團爲工夫墮於昏沈
散亂落在輕安寂靜裏總皆不覺不知非但
虛喪光陰難消施主供養一朝眼光落地之時
畢竟將何所靠山僧昔年在衆除二時粥飯不
曾上蒲團只是從朝至暮東行西行步步不離
心心無間如是經及三載曾無一念懈怠心一
日驀然踏著自家底元来寸步不曾移
昏沈掉擧喜怒哀樂即是眞如佛性智慧解脫
只緣不遇斯人醍醐上味翻成毒藥靈利漢假
饒直下知非全身擔荷正好朝打三千暮打八
百何故豈不見道知之一字衆禍之門

若論此事如蚊子上鐵牛相似更不問如何若
何便向下觜不得處拚命一鑽和身透入正恁
麼時如處百千萬億香水海中取之無盡用之
無竭設使志不堅心不一悠悠漾漾東飛西飛
饒你飛到非想非非想天依舊只是箇餓蚊子

端陽示衆

三十年来横草不拈竪草不踏單單只合得一
服快活無憂散其藥雖微奏功極大不問佛病
祖病心病禪病凡病聖病生病死病是病非病
除禪和子一種毛病之外聞者見者無不靈驗
且道甚麼是毛病良久云各請歸堂點檢看

示衆

若謂著實參禪決須具足三要第一要有大信
根明知此事如靠一座須彌山第二要有大憤
志如遇殺父冤讐直欲便與一刀兩段第三要
有大疑情如暗地做了一件極事正在欲露未
露之時十二時中果能具此三要管取剋日功
成不怕甕中走鼈苟闕其一譬如折足之鼎終
成廢器然雖如是落在西峯坑子裏也不得不
救出

拈拄丈云者一著子從上佛祖求之雖歷千魔萬
難萬死千生如水東流不到滄溟決定不止以
此推之大不容易若要點鐵成金與千聖同域
豈淺識小見者所能擬議直須具舉鼎拔山力
包天括地量斬釘截鐵機打鳳羅龍手果有如
是操略拄丈助以發機卓一下云有意氣時添意
氣卓一下云不風流處也風流若是跛鼈盲龜止
跳得一跳兩跳伎倆已盡西峯門下總用不著
擲拄丈云送在師子巖頭一任東湧西沒
若論此事直正用工決定不在行住坐臥處決

定不在著衣喫飯處決定不在屙屎放尿處決
定不在語默動靜處既然如是畢竟在甚麼處
薦若向者裏知得落處便見未出母胎已自行
脚了也已自來見高峯了也已自心空及第了
也已自接物利生了也設使無明垢重不覺不
知未免先以定動後以智拔良久喝一喝云一
隊無孔鐵鎚

示理通上人

大抵學人打頭不遇本分作家十年二十年者
邊那邊或參或學或傳或記殘羹餿飯惡知惡

覺尖尖滿滿築一肚皮正如箇臭糟瓶相似若
遇箇有鼻孔底聞著未免惡心嘔吐到者裏設
要知非悔過別立生涯直須盡底傾出三回四
回洗七番八番泡去教乾乾淨淨無一點氣息
般若靈丹方堪趣向若是忽忽草草打屏不乾
縱盛上品醍醐亦未免變作一瓶惡水且道利
害在甚麼處咄毒氣深入

示衆

良醫治病先究其根纔得其根無病不治禪和
子成十年二十年篤信守一不明生死者蓋爲

不究其根須知人我即生死之根生死即人我
之葉要去其葉必先除根根既除已其葉何存
然雖如是爭知此根從曠大劫來栽培深固若
非舉鼎拔山之力卒難勦除未免借拄杖子感
光特為諸人出熱去也卓主丈一下喝一喝云
勞而無功

若論此事的的用工正如獄中當死罪人忽遇
獄子醉酒睡著敲枷打鎖連夜奔逃於路雖多
毒龍猛虎一往直前了無所畏何故只為一箇
切字用工之際果能有此切心管取百發百中

即今莫有中底麽以拂子擊禪床一下云
有差天地懸隔
拈拄丈云到者裏心法俱忘心識路絕擧步則
大海騰波彈指則須彌岌峇泥團土塊放大光
明瓠子冬瓜熾然常說然雖如是若到西峯門
下未免臂長袖短露出一橛直須摩頂門正眼
覷破空劫已前自己與今幻化色身無二無別
且道如何是空劫已前自己卓拄丈一下云
金剛喫鐵棒泥牛眼出血

解制示衆

若論此事無尊無卑無老無少無男無女無利
無鈍故我世尊於正覺山前臘月八夜見明星
悟道乃言奇哉衆生具有如來智慧德相又云
心佛及衆生是三無差別又云是法平等無有
高下旣無差別亦無高下從上佛祖古今知識
乃至天下老和尚有契有證有遲有速有難有
易畢竟如何譬如諸人在此各各有箇家業務
然一日回光返照思憶還源或有經年而到者
或有經月而到者或有經日而到者或有頃刻
而到者又有至死而不到者蓋離家有遠近之

殊故到有遲速難易之別然雖如是中間有箇
漢子無家業可歸無禪道可學無生死可脫無
涅槃可證終日騰騰任運任運騰騰若也點檢
得出釋迦彌勒與你提瓶挈鉢亦不爲分外苟
或不然以拂子擊禪床兩下喝兩喝云若到諸
方切忌錯擧

示衆

若論此一段奇特之事人人本具箇箇圓成
握拳展掌渾不犯纖毫之力秖爲心猿擾擾意
馬喧喧恣縱三毒無明妄執人我等相如水澆
冰愈加濃厚障却自己靈光決定無由得現若
是生鐵鑄就底漢子的實要明亦非造次直須
發大志立大願殺却心猿意馬斷除妄想塵勞
如在急水灘頭泊舟相似不顧危亡得失人我
是非忘寢忘餐絕思絕慮晝三夜三心心相次
念念相續劄定脚頭咬定牙關牢牢把定繩頭
更不容絲毫走作假使有人取你頭除你手足
剜你心肝乃至命終誠不可捨到者裏方有少
分做工夫氣味嗟乎末法去聖時遙多有一等
泛泛之流竟不信有悟門但只向者邊穿鑿那

邊討較直饒討較得成穿鑿得就眼光落地時還用得著也無若用得著世尊雪山六年達磨少林九載長慶坐破七箇蒲團香林四十年方成一片趙州三十年不雜用心何須許多生受哭更有一等漢子成十年二十年用工不曾有箇入處者只為他宿無靈骨志不堅固半信半疑或起或倒弄來弄去世情轉轉純熟道念漸漸生踈十二時中難有一箇時辰把捉得定打成一片似者般底直饒弄到彌勒下生也有甚麽交涉若是真正本色行脚高士不肯胡亂打頭便要尋箇作家纔聞舉著一言半句更不擬議直下便恁麽信得及作得主把得定孤迴迴峭巍巍淨躶躶赤灑灑更不問危亡得失只恁麽睚將去驀然繩斷喫攧絕後再甦自他本地風光何處更覔佛矣又有一偈擧似大衆總水灘頭泊小舟切須牢把者繩頭驀然繩斷難迴避直得通身血迸流

萬法歸一一何歸只貴惺惺著意疑疑到情忘心絶處金烏夜半徹天飛

若窮此事用工極際正如空裏栽花水中撈月直是無你下手處無你用心處往往纔遇者境界現前十箇有五雙打退鼓殊不知正是到家底消息若是孟八郎漢便就下手不得處用心不及時猶如關羽百萬軍中不顧得喪直取顔良誠有如是操略如是猛利管取彈指收功剎那成聖若不然者饒你參到彌勒下生也只是箇張上座

臘月三十日時節看看至露柱與燈籠倈更打瞌睡覷面當機提當機覿面覷驀然觸瞎眼睛照顧爛泥裏有刺

除夜小參

生死事大無常迅速生不知來處謂之生大死不知去處謂之死大只者生死一大事乃是參禪學道之喉襟成佛作祖之管轄三世如來恒沙諸佛千變萬化出現世間蓋為此生死一大事之本源西天四七唐土二三以至天下老和尚出沒卷舒逆行順化亦為此一大事之本源諸方禪衲不憚勞苦三十年二十年撥草瞻風磨裩擦袴亦為此一大事之本源汝等諸人發心出家發心行脚發心來見高峯晝三夜三眉

毛厮結亦為此一大事之本源四生六道千劫萬劫改頭換面受苦受辛亦是迷此一大事之本源吾佛世尊捨金輪王位雪山六年苦行夜半見明星悟道亦是悟者一大事之本源達磨大師入此土來少林面壁九載神光斷臂於覓心不可得處打失鼻孔亦是悟者一大事之本源臨濟遭黃蘗六十痛棒向大愚肋下還拳亦是悟者一大事之本源靈雲桃花香嚴擊竹長慶卷簾玄沙踢指乃至從上知識有契有證利生接物摠不出悟者一大事之本源多見兄弟家雖曰入此一門往往不知學道之本源不能奮其志因循度日今來未免葛藤引如上佛祖入道之因及悟道之由以為標格䂓學初機方堪趣向且道如何趣向不見古人道若要脫生死須透祖師關畢竟將甚麼作關喚作竹篦則觸不喚作竹篦則背不得有語不得無語若向者裏著得一隻眼覷得破轉得身通得氣無關不透無法不通頭頭示現物物全彰無邊剎境自他不隔於毫端十世古今始終不離於當念所以水潦和尚見馬大師禮拜起擬伸問問被馬祖攔胸一踏踏倒起來呵呵大笑云百千法門無量妙義摠向一毫頭上識得根源去德山見龍潭吹滅紙燭處豁然大悟次日遂將疏鈔於法堂上爇云窮諸玄辯若一毫置於太虛竭世樞機似一滴投於巨壑到者裏有甚麼禪道可參有甚麼佛法可學有甚麼生死可脫有甚麼涅槃可證騰騰任運任運騰騰臘月三十日到來管取得大自在去住自由故云自從認得曹溪路了知生死不相干然雖如是　竪拂子云且道者箇是生耶是死耶若也道得便可向無佛處稱尊無法處說法其或未然山僧不惜羞慚更與諸人露箇消息以拂子作釣魚勢云

夜冷魚潛空下釣不如收卷過殘年

復舉此禪分歲烹露地白牛百味珍羞悉皆具足高峯分歲雖則百孔千瘡也要將無作有細切嶺頭雲薄批潭底月尖新堆飣出格安排要使箇箇盈腸塞腹人人永絕飢虛且道與古人是同是別舌頭具眼底試辨看

示衆

若論剋期取證如人擔雪填井不憚寒暑不分

晝夜橫也擔竪也擔是也擔非也擔擔來擔去縱使經年越歲以至萬劫千生於其中間信得及踏得穩把得定作得主曾無一念厭離心曾無一念懈怠心曾無一念狐疑心曾無一念求蒲心果能有恁麽時節果能具恁麽氣槩到者裏管取人法雙忘心識俱泯形如槁木朽株志若嬰兒忽子驀然擔子卒地斷曝地折十沙界海中漚一切聖賢如電拂與三十痛棒若謂此事參也參得悟也悟得說也說得行也行得來也來得去也去得然雖如是更須三十年始得何故兩角四蹄都過了尾巴過不得

若論此事如萬丈深潭中投一塊石相似透頂透底了無絲毫間隔誠能如是用工如是無間一七日中若無倒斷 某甲 永墮阿鼻地獄

結制示衆

封却拄杖頭結却布袋口禁在鐵圍山枷上重增杻有中拷出無無中拷出有痛楚百千般不離者窠臼大衆且道喚甚麽作窠臼直饒明辨得出要見西峯那邊更那邊為人不為人一著子直待三十年後

示衆

拈拄杖召大衆云還見麽人人眼裏有睛不見瞎漢決定是見 以拄杖卓一下云 還聞麽箇箇皮下有血不是死漢決定是聞既見既聞是箇甚麽 以拄杖⊖ 見聞即且止只如六根未具之前聲色未彰之際未聞之聞未見之見正恁麽時畢竟以何為驗 以拄杖⦶ 吾今與汝保任斯事終不虛也 以拄杖回 三十年後切忌妄通消息 靠拄杖下座

若論此事只要當人的有切心纔有切心真疑便起真疑起時不屬漸次直下便能塵勞頓息昏散屏除一念不生前後際斷纔到者般時節管取推門落臼若是此念不切真疑不起饒你坐破蒲團百千萬箇依舊日午打三更

迷中有悟悟復還迷直須迷悟兩忘人法俱遺衲僧門下始有語話分大衆既是迷悟兩忘人法俱遺共語話者復是阿誰速道速道

若論此事如登萬仞高山一步一步將攀至頂唯有數步壁絶攀躋到者裏須是箇紙綱打就底捨命拚身左睚右睚睚來睚去以上為期縱

經千生萬劫萬難千魔此心此志愈堅愈強若是根本不實泛泛之徒何止望崖者取聞風而退矣

除夜小參

一年三百六十日看看逗到今宵畢十箇有五雙參禪禪又不知學道道亦不識只者不知不識四字正是三世諸佛骨髓一大藏教根源靈利漢纔聞舉著如龍得水似虎靠山天上人間縱橫無礙然雖如是點檢將來猶是者邊底消息若謂那邊更那邊一著子直饒西天四七唐二三以至天下老古錐敢保未徹在山僧與麽告報忽有箇漢子心憤憤口悱悱出來道高峯高峯你有甚長處鬧得者般大口只向他道來年更有新條在惱亂春風卒未休

示衆

終日著衣未嘗掛一縷絲終日喫飯未嘗咬著一粒米旣然如是且道即今身上著底每日口裏喫底是箇甚麽到者裏不論明與不明徹與不徹寸絲滴水也當牽犂拽杷償他何故一片白雲橫谷口幾多歸鳥自迷巢

若論此事正如傍墻逼狗逼來逼去逼至尖角落頭未免翻身遭他一口即今莫有遭他底麽 卓拄杖一下云阿耶阿耶

學道如初不變心千魔萬難愈惺惺直須敲出虛空髓拔却金剛腦後釘

若論此事用工之際正如打鐵船入海取如意寶珠相似莫問打得打不得但孟八郎打將去驀然一旦打得成入得海獲得珠將來呈似老僧不免與你一搥擊碎何故豈不見道有之以為利無之以為用

若論實參實悟正如八十公公向逆風逆水裏牽一隻無底鐵船相似不問上與不上徹與不徹直須心心無間念念無虧一步一步盡平生伎倆眶將去眶到著脚不得處筋斷骨折時驀然水轉風回即是到家消息即今莫有到家底麽 卓拄杖一下云十萬八千

若論此事不假長劫熏修積功累德亦不問賢愚利鈍久習初機只貴孟八郎漢不顧危亡得喪發大憤志起大疑情如善財童子參勝熱婆羅大火聚中投身而入正恁麽時人法俱忘心

機泯絶左之右之逕著磕著不是洞山麻三斤定是雲門乾屎橛若還毿毿毿毿魍魍魎魎莫道親見高峯直饒向老胡肚皮裏打一遭依前乾沒一星事

答直翁居士書

來書置問皆是辨論學人用工上疑惑處當為決之俾晚學初機趣向無滯問平常心是道無心是道此平常心無心之語成却多少人誤却多少人往往不知泥中有刺笑裏有刀者何啻如棹棒打月接竹點天古人答一言半句如揮吹毛利刃直欲便要斷人命根若是箇皮下有血底直下承當更無擬議若撞著箇不知痛痒底縱饒髑髏徧地也乾沒星子事又如石中藏玉識者知有連城之璧不識者只作一塊頑石視之大抵要見古人立地處不可向語句上著到且道既不在語句上畢竟在甚處著到若向者裏薦得便知此事不假修治如身使臂如臂使拳極是成現極是省力但信得及便是何待瞠眉竪目做模打樣看箇一字儻或不然古云莫道無心云是道無心猶隔一重關何止一重更須知有百千萬重在若不發憤志精進下一段死工夫豈於木石之有異乎凡做工夫到極則處必須自然入於無心三昧却與前之無心天地相遼老胡云心如墻壁夫子三月忘味顔回終日如愚賈島取捨推敲此等即是無心之類也到者裏能舉所舉能疑所疑雙忘雙泯無無亦無無香嚴聞聲靈雲見色玄沙蹶指長慶卷簾莫不皆由此無心而悟也到者裏設有毫釐待悟心生纖塵精進念起即是偷心未息能所未忘此之一病悉是障道之端也若要契悟真空親到古人地位必須真正至於無心三昧始得然此無心汝譬頗明吾復以偈證之不得者箇爭得那箇既得那箇忘却者箇然雖如是更須知道者箇那箇揔是假箇的的真底聻

咄陽燄空華

通仰山老和尚疑嗣書

昔年敗闕親曾剖露師前今日重疑不免從頭拈出某甲十五歲出家十六為僧十八習教二十更衣入淨慈立三年死限學禪請益斷橋和尚令參箇生從何來死從何去意分兩路心不

歸七又不曾得他說做工夫處分曉看看擔閣
一年有餘每日只如箇迷路人相似那時因被
三年限逼正在煩惱中忽見台州淨兄說雪巖
和尚常問你做工夫何不去一轉於是欣然懷
香詣北磵塔頭請益方問訊插香被一頓痛拳
打出即關却門一路垂淚回至僧堂次日粥罷
復上始得親近即問已前做處某甲一一供吐
當下便得勦除日前所積之病却令看箇無字
從頭開發做工夫一遍如暗得燈如懸得救自
此方解用工處又令日日上來一轉要見用工

次第如人行路日日要見工程不可今日也恁
麼明日也恁麼每日纔見入來便問今日工夫
如何因見說得有緒後竟不問做處一入門便
問阿誰與你拖者死屍來聲未絕便以痛拳打
出每日但只恁麼問恁麼打正被逼拶有些涯
際值老和尚赴南明請臨行囑云我去入院了
却令人來取你後竟絕消息即與常州澤兄結
伴同往至王家橋俗親處整頓行裝不期俗親
念某甲等年幼又不曾涉途行李度牒總被收
却時二月初諸方掛搭皆不可討不免挑包上

徑山二月半歸堂忽於次月十六夜夢中忽憶
斷橋和尚室中所舉萬法歸一一歸何處話自
此疑情頓發打成一片直得東西不辨寢食俱
忘至第六日辰巳間在廊下行見衆僧堂內出
不覺輥於隊中至三塔閣上諷經擡頭忽覩五
祖演和尚真贊末後兩句云百年三萬六千朝
返覆元來是這漢日前被老和尚所問拖死屍
句子驀然打破直得魂飛膽喪絕後再甦何啻
如放下百二十斤擔子乃是辛酉三月廿二少
林忌日也其年恰廿四歲滿三年限便欲造南

明求決那堪逼夏諸鄉人亦不容直至解夏方
到南明納一場敗闕室中雖則累蒙煆煉明得
公案亦不受人瞞及乎開口心下又覺得渾了
於日用中尚不得自由如欠人債相似正欲在
彼終身侍奉不料同行澤兄有他山之行遽違
座下至乙丑年老和尚在道場作掛牌時又得
依附隨侍赴天寧中間因被詰問日間浩浩時
還作得主麼答云作得主又問睡夢中作得主
麼答云作得主又問正睡著時無夢無想無見
無聞主在甚麼處到者裏直得無言可對無理

可伸和尚却囑云從今日去也不要你學佛學法也不要你窮古窮今但只飢来喫飯困来打眠纔眠覺来却抖擻精神我者一覺主人公畢竟在甚處安身立命雖信得及遵守此語柰資質遲鈍轉見難明遂有龍鬚之行即自誓云拚一生做箇癡獃漢定要見者一著子明白經及五年一日寓庵宿睡覺正疑此事忽同宿道友推枕子墮地作聲驀然打破疑團如在網羅中跳出追憶日前所疑佛祖諸訛公案古今差別因緣恰如泗州見大聖遠客還故鄉元来只是舊時人不改舊時行履處自此安邦定國天下太平一念無爲十方坐断如上所供並是詣實伏望尊慈特垂詳覽

室中三關

杲日當空無所不照因甚被片雲遮却

人人有箇影子寸步不離因甚踏不著

盡大地是箇火坑得何三昧不被燒却

參學比丘衆中募緣鋟梓

吳郡集雲精舍成蓮刊

高峯和尚禪要

雪嵓開石盡底黑漆竹
篦接
高峯而為嫡嗣峯得此
示現四十九種相好或慈
或威或定或慧攪動
大海水令彼魚龍鰕蟹
無棲泊處就中輥出一
大日輪住於太虛空裏使
盲者得視聾者得聽啞
者得言躶者得衣岡入

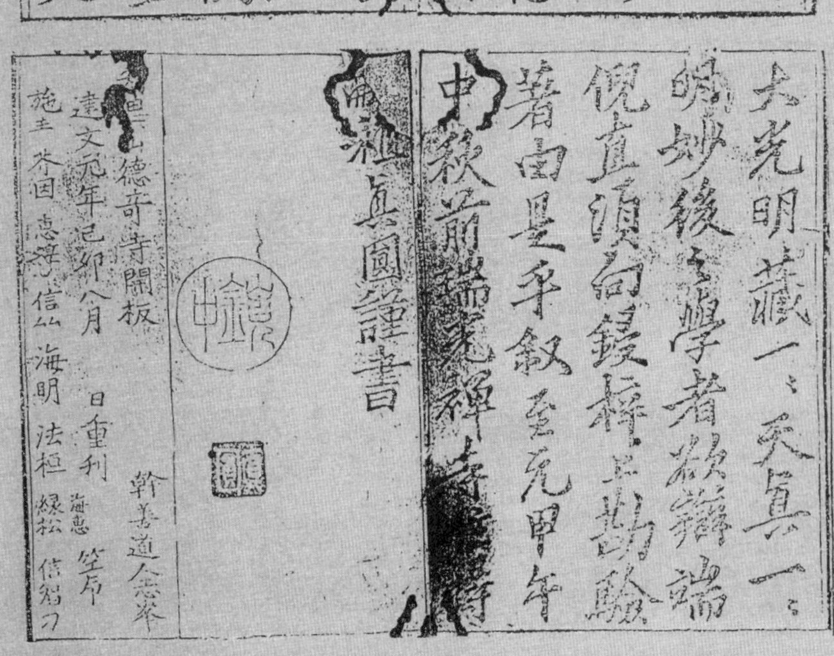
大光明藏一一天眞一一
明妙後之學者叙辯端
倪直須向鋒鋩上勘驗
着南是年叙 至元甲午
中秋前瑞光禪寺
佛祖直翁謹書

山德奇寺開板
建文元年己卯八月 日重刊
施主 芥因 德峰 信仏 海明 法桓 綠松 海惠 笠印 信智
幹善道人志峯

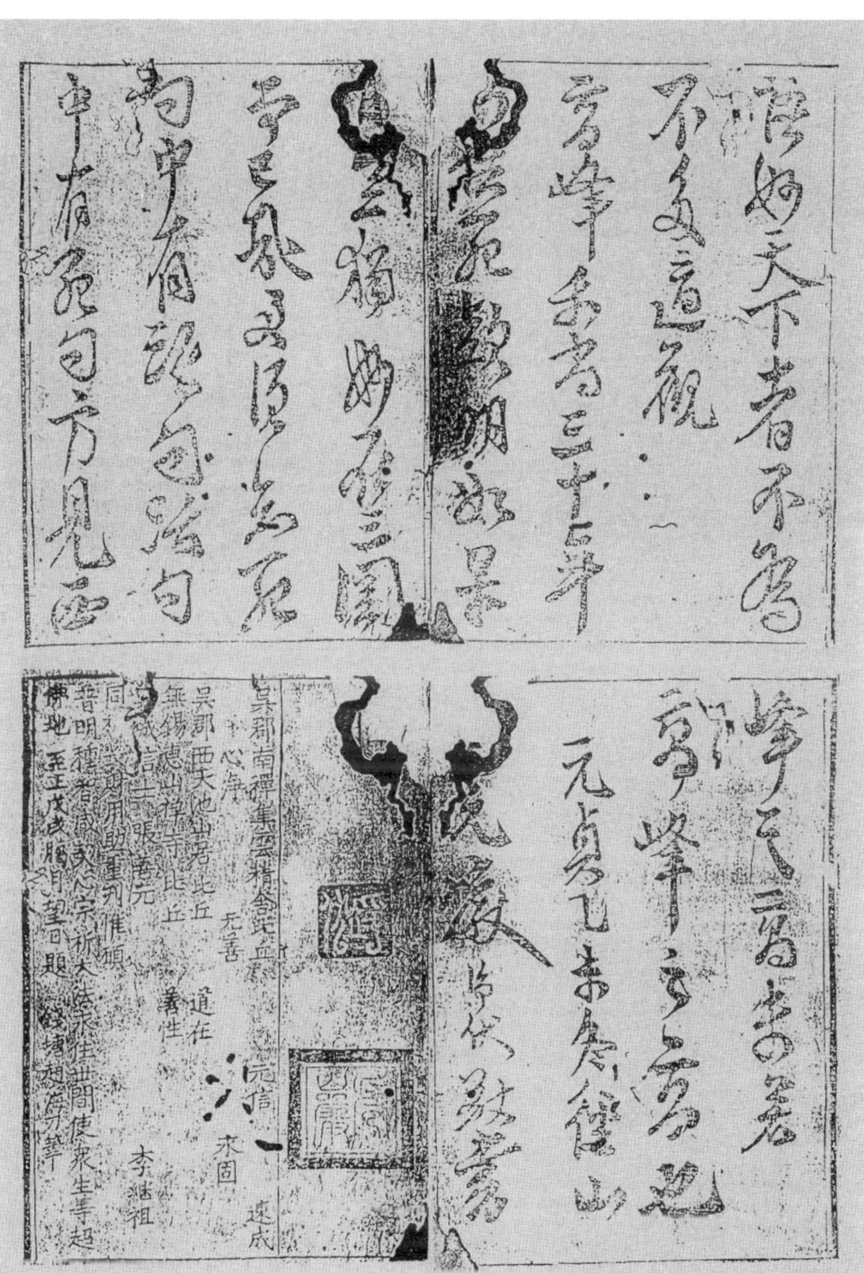